Die Bewerbung - eine Zauberformel?

Kreativität und Formelhaftigkeit
in deutschen und französischen Anschreiben

von

Claudia Mertens

Tectum Verlag
Marburg 2004

Mertens, Claudia:
Die Bewerbung - eine Zauberformel?.
Kreativität und Formelhaftigkeit in
deutschen und französischen Anschreiben.
/ von Claudia Mertens
- Marburg : Tectum Verlag, 2004
ISBN 978-3-8288-8636-0

© Tectum Verlag

Tectum Verlag
Marburg 2004

INHALT

1. ZU BEGINN: EIN VERDACHT.. 7

2. BESCHREIBUNG DES CORPUSMATERIALS............................. 9

3. ÜBERLEGUNGEN ZUM KONZEPT FORMELHAFTIGKEIT.......... 12

   3.1. Formelhaftigkeit auf Satzniveau.. 13
   3.2. Formelhaftigkeit auf Textniveau.. 14
   3.3. Prototypensemantik.. 15

4. DER BEWERBUNGSBRIEF - NUR EINE FORMEL?..................... 18

   4.1. Strukturelle Formelhaftigkeit... 18
      4.1.1. Bindung des Textes an eine Funktion................................. 18
      4.1.2. Layout nach DIN 5008.. 22
      4.1.3. Semantische Komponenten und ihre Reihenfolge............ 24
      4.1.4. Was nicht ins Anschreiben gehört...................................... 27
   4.2. Sprachliche Realisierung der semantischen Komponenten.......... 30
      4.2.1. Formelhaftigkeitsgrade... 31
         4.2.1.1. Wenig variable Formeln.. 31
         4.2.1.2. Formeln mit Formulierungsalternativen.................. 32
         4.2.1.3. Satzschablonen mit Leerstellen.............................. 33
         4.2.1.4. Inhaltliche Formelhaftigkeit...................................... 34
      4.2.2. Unterschiede zwischen deutschen und
      französischen Bewerbungsbriefen in bezug auf den
      Formelhaftigkeitsgrad... 38
      4.2.3. Entscheidungsketten... 39

4.3. Was Knigge mit Bewerbungsbriefen zu tun hat... ... 45
    4.3.1. Gebrauch des Konditionals.. 47
    4.3.2. Verstärkungsadverbien... 48
    4.3.3. „Flatterie"/Lob des Firmenimages.................................... 48

5. DIE FUNKTIONEN VON FORMELHAFTIGKEIT...................... 50

    5.1. Die Schibolethfunktion.. 50
    5.2. Die Entlastungsfunktion.. 52

6. UNTERSUCHUNGEN ZUR RATGEBERLITERATUR.............. 55

    6.1. Der Aufbau von Ratgebern (mit einem Exkurs zu
         Formelhaftigkeit auf Buchebene).. 55
    6.2. Das Dilemma der Ratgeberliteratur...................................... 56
        6.2.1. Intratextuelle Widersprüche.. 58
        6.2.2. Intertextuelle Widersprüche.. 60
        6.2.3. Mangelnder Realitätsbezug.. 64
            6.2.3.1. Kritik an den aufgelisteten Negativbeispielen....... 64
            6.2.3.2. Mangelnde Konkretisierung der Positivbeispiele.. 67
    6.3. Der Einfluss der Ratgeberliteratur auf den Sprachwandel............ 68

7. KREATIVITÄT - ODER: DER VERSUCH DER FORMELAUFLÖSUNG... 76

    7.1. Typologie der Kreativität: Verfahren bei der Formelauflösung....... 77
        7.1.1. Auflösung des Mediums... 78
        7.1.2. Auflösung des Standard-Layouts 79
        7.1.3. Auflösung des Formulars „Anschreiben".......................... 79
    7.2. Ist Kreativität kreativ?... 82
    7.3. Grenzen der Kreativität... 87
    7.4. Originalitätsdruck... 90
    7.5. Der Funktionsmechanismus von Originalität........................ 90

8. DIE BEWERBUNG - EINE ZAUBERFORMEL?......... 92

    8.1. Die fachdidaktische Relevanz der Arbeit......... 95
    8.2. Einige Forschungsdesiderata......... 96
    8.3. Schlussbemerkungen......... 97

9. LITERATURVERZEICHNIS......... 98

1. ZU BEGINN: EIN VERDACHT

Es war einmal... - schon nach diesen wenigen Worten wird der Leser[1], der sich auf den Stil wissenschaftlicher Arbeiten eingestellt hatte, stutzen und bei sich denken: „So beginnt doch keine Einleitung. Da hat der Verfasser sich aber in der Textsorte geirrt...".
Linguistisch gesehen deutet diese kurze Szene an, dass jedes kompetente Mitglied einer Sprachgemeinschaft ein implizites Wissen darüber besitzt, wie bestimmte formelhafte Textsorten „normalerweise" realisiert werden. Was hier für die *Rezeption* formelhafter Texte gezeigt wurde, bestätigt sich auch bei der Analyse des *Produktionsprozesses*: bittet man beliebige Probanden mit deutscher Muttersprache, den „typischen" Beginn eines Kochrezeptes zu formulieren, so erhält man als häufigste Antwort „Man nehme...". Fragt man nach Bewerbungsbriefen, so erhält man als Reaktion „Hiermit bewerbe ich mich...".
Offensichtlich gibt es für Formulierungsaufgaben etablierte Lösungen, auf die wir bei der Bewältigung zurückgreifen. Stein definiert dieses Textsortenwissen als eine Sammlung makrostruktureller Verfestigungen, die ins mentale Lexikon eingehen und als Formulierungsstereotype in Erscheinung treten (vgl. Stein 1995: 294, 300, 294).
Mein Verdacht: Auch bei Bewerbungsbriefen handelt es sich um eine formelhafte Textsorte, „wo die formelhafte Realisierung üblich, gesellschaftlich anerkannt ist, wo ihr Fehlen negativ sanktioniert würde" (Gülich i. Ersch.: 51), eine Annahme, die durch 08/15-Bewerbungen gelangweilte Personalchefs bestätigen: „Berge von Einheitsbewerbungen nach Strickart des 'graue-Maus-Designs' - ordentlich, phantasielos, nichtssagend und nahezu unscheinbar" (Burhorn 1994: 126). So oder ähnlich formuliert wird der Ruf nach Mut und Kreativität angesichts der Vielzahl konventioneller Musterbewerbungen alter Schule unweigerlich lauter.
Zentrales Anliegen dieser Arbeit ist es, ausgehend von einigen Überlegungen zum Konzept Formelhaftigkeit (Kapitel 3) den prototypischen Bewerbungsbrief (Kapitel 4) zu beschreiben, um danach den Balanceakt zwischen Rekurs auf Formelhaftes und Streben nach Formelauflösung/Kreativität zeigen zu können (Kapitel 7).

---

[1] Um den Lesefluss nicht unnötig zu stören, habe ich mich für die generische Verwendung der maskulinen Formen entschieden; „Leserinnen" etc. sind selbstverständlich auch angesprochen.

Zu Beginn: Ein Verdacht

Da sich viele Bewerber unsicher bei der Erstellung ihrer Unterlagen fühlen, informieren sie sich in Ratgebern über die existierenden Konventionen. Die Buchbranche hat diesen Markt für sich entdeckt, und so erscheinen jährlich zahlreiche Veröffentlichungen mit ähnlich klingenden Titeln wie z.B. „Wie bewerbe ich mich richtig?", die, zumindest im Titel, ein Patentrezept versprechen, das dem Ratsuchenden helfen soll. Dabei verstehen die Autoren ihre „Musterbewerbungen" nicht als vorgefertigte Lösung zum Abschreiben, sondern lediglich als Beispiel oder „Korrektiv", anhand dessen der Bewerber seine eigenen Entwürfe prüfen kann (vgl. z.B. Dröll 1992: 19). In der vorliegenden Arbeit werde ich die Rolle solcher Textproduktionsanleitungen für den formelhaften Aufbau von Bewerbungsbriefen untersuchen und auf das Selbstverständnis der Briefsteller eingehen (Kapitel 6).

In meiner Arbeit möchte ich französische und deutsche Normen gegenüberstellen und am Beispiel von Bewerbungsbriefen Spillners These stützen, wonach die Struktur fachsprachlicher Textsorten prinzipiell einzelsprachenabhängig ist (vgl. Spillner 1983: 112). Die Hinweise von Lee et al. 1993/1995 und Neuhaus/Neuhaus 1994, [2]1995 sind in diesem Zusammenhang besonders aufschlussreich, da diese Ratgeber für Bewerber im europäischen Ausland konzipiert worden sind und somit interkulturelle Divergenzen bewusst herausstellen. In diesen EU-orientierten Veröffentlichungen wird nicht näher zwischen den französischsprachigen Mitgliedsstaaten differenziert, was die Vermutung nahe legt, dass die Konventionen sich in den verschiedenen frankophonen EU-Staaten nicht signifikant unterscheiden. Diese Hypothese ist insofern interessant, als da zwei der in Frankreich empfohlenen Referenzwerke in Belgien erschienen sind (Le Bras 1992 und Le Bras 1994).

Die Herausarbeitung solcher interlingualer Divergenzen und die anschließende didaktische Aufbereitung der Ergebnisse ist bislang in der Forschung vernachlässigt worden: Kontrastive Untersuchungen an fachsprachlichem Material liegen nur vereinzelt vor[2], was Drescher 1994 dazu veranlasst, die Überprüfung der Kulturspezifik von Bewerbungen als Forschungsdesiderat anzusehen (vgl. Drescher 1994: 136).

---

[2] Vgl. z.B. Spillners Analyse von Wetterberichten, 1983.

2. BESCHREIBUNG DES CORPUSMATERIALS

Die vorliegende Analyse basiert auf einem Corpus von 502[3] Bewerbungen im engeren Sinne[4], von denen 363[5] in willkürlicher Reihenfolge im Anhang abgedruckt sind. Auf die Zusammenstellung aller herangezogenen *Samples* habe ich bewusst verzichtet, da eine vollständige Auflistung keinen zusätzlichen Erkenntnisgewinn gebracht hätte. Bei der Anonymisierung des mir freundlicherweise von einem mittelständischen, international operierenden Unternehmen der Region Ostwestfalen-Lippe bzw. verschiedenen französischen Unternehmen (vornehmlich aus den Regionen *Midi-Pyrénées* und *Languedoc-Roussillon*) zu Zwecken der wissenschaftlichen Analyse zur Verfügung gestellten authentischen Materials bin ich mit größter Vorsicht vorgegangen, so dass ein Rückbezug der Daten auf Personen nicht möglich ist und eine Urheberrechtsverletzung ausgeschlossen werden kann. Das Urheberrechtsgesetz gilt gemäß § 2 UrhG nur für Werke der Kunst, Wissenschaft und Literaturwissenschaft. Die Datenschutzgesetze schützen vor der Weitergabe von personenbezogenen Daten. Um personenbezogene Daten handelt es sich nur, wenn eine Rückbeziehbarkeit auf eine bestimmte oder bestimmbare natürliche Person gegeben ist. Wenn dies durch Anonymisierung vor der Weitergabe ausgeschlossen wird, fallen diese Informationen nicht mehr unter den Anwendungs- und Schutzbereich der Datenschutzgesetze.

Das Corpus ermöglicht eine fundierte synchronische Analyse, denn alle Bewerbungen innerhalb eines Zeitraums von drei Jahren entstanden. Leider ist das Material in bezug auf die Bewerberqualifikation relativ inhomogen (die deutschen Bewerbungen stammen oft von Uni-Absolventen, die französischen Bewerber haben häufig keinen universitären Abschluss), so dass auf die Herausarbeitung berufsspezifischer Charakteristika weitgehend verzichtet werden muss. Ich vermute jedoch, dass das Ausbildungs- und Erfahrungsniveau des Bewerbers den Grad der Formelhaftigkeit beeinflusst,

---

[3] Davon 327 französische Anschreiben und 175 deutsche.
[4] Drescher stellt Bewerbungen im engeren Sinne (= Anschreiben) Bewerbungen im weiteren Sinne gegenüber, die die gesamte Korrespondenz des Stellensuchenden mit seinem potentiellen Arbeitgeber umfasst (vgl. Drescher 1994: 118).
[5] Von diesen 363 Bewerbungen sind 175 deutsche und 188 französische.

Beschreibung des Corpusmaterials

mit anderen Worten: Je höher die Qualifikation und je erfahrener der Bewerber, desto weniger formelhaft ist vermutlich sein Anschreiben.

Orthographie- und Grammatikfehler habe ich in allen Zitaten originalgetreu übernommen und im Einzelfall auf eine Kenntlichmachung derselben durch „sic!" verzichtet.

Eine solche Produktanalyse, die allein auf schriftlichen Endprodukten des Schreibprozesses besteht, ist laut Stein ausreichend (vgl. Stein 1995: 309 ff.), wenn sich formelhafte Ausdrucksmuster erwarten lassen. Diese Bedingung halte ich im Zusammenhang mit Bewerbungsbriefen für erfüllt.

100 *Samples* sind der populärwissenschaftlichen Ratgeberliteratur entnommene, positiv bewertete Musterbeispiele, bei deren Zusammenstellung das Erscheinungsjahr des Briefstellers das primäre Auswahlkriterium war. Um zu vermeiden, dass idiolektale Eigenheiten das Ergebnis verfälschen, sind im Regelfall nicht mehr als 4-5 Beispiele desselben Autors aufgenommen.

Bevor ich mit der Analyse beginne, möchte ich noch einige subjektive Anmerkungen im Zusammenhang mit der Corpuserstellung machen: Es ist mir aufgefallen, dass sich die Franzosen wesentlich unkomplizierter und hilfsbereiter verhalten haben. Während ich dort - ohne die verantwortliche Person zu kennen - von der Personalchefin die gesamten Personalakten des laufenden Jahres unanonymisiert als Kopiervorlage erhalten habe, bin ich in Deutschland bei einigen Firmen aus Datenschutzgründen auf Ablehnung gestoßen. Mit dem Unternehmen, das sich schließlich doch zur Herausgabe der Briefe bereit erklärt hat, habe ich vertraglich vereinbart, die Daten vertraulich zu behandeln. Es bleibt Spekulation, sich zu fragen, ob diese Erfahrungen verallgemeinert werden können; denkbar wäre auch, dass die Reaktion der Personalverantwortlichen durch die juristische Situation bedingt ist. Richter Dr. Etzel (zitiert in einem Interview mit Dröll 1977: 46) betont, dass - sofern kein Arbeitsvertrag zustande komme - das Unternehmen verpflichtet sei, die Bewerbungsunterlagen (einschließlich des Lebenslaufs, eventueller Schutzumschläge, des Lichtbildes etc.) unverzüglich an den Bewerber zurückzusenden. Lediglich das Anschreiben selbst sei mit Entgegennahme durch den Unternehmer in dessen Eigentum übergegangen und brauche folglich nicht zurückgegeben zu werden (vgl. auch Dröll 1985: 216, Kreklau 1986: 107, Staufenbiel 1995: 104). Die französische Gesetzgebung hingegen sieht vor, dass sämtliche Bewerbungsunterlagen (also auch der Lebenslauf) im Unternehmen verbleiben dürfen, um so bei späterem Personalbedarf auf die Bewerberdaten zugreifen zu können: „(...) légalement une lettre appartient à

Beschreibung des Corpusmaterials

son destinataire" (de la Blanchardière/Bonnin-Kerjean 1994: 152, vgl. auch Le Bras 1994: 10).

3. ÜBERLEGUNGEN ZUM KONZEPT „FORMELHAFTIGKEIT"

„'Sehr geehrte Damen und Herren, hiermit bewerbe ich mich bei Ihnen auf Ihre Stellenanzeige in der Zeitung xyz vom 1. Juni 1994 um die Stelle eines abc...' - Sätze dieser Art, in Anlehnung an DIN 007, sind vorgestanzte Worthülsen (...)" (Burhorn 1994: 132).

Wenn auch nicht so bildlich formuliert, sind sich inhaltlich alle Autoren der Bewerbungsliteratur einig: Die marktbeherrschenden „Formeln (denn Formeln sind es, keine lebendigen Sätze), die in hundert ähnlich misslungenen Varianten" (Manekeller 1990/91: 41; Manekeller 1995: 41) vertreten sind, sollten möglichst gemieden werden. Hinweise wie „Keine Phrasen!" (Manekeller 1978: 51), sind so häufig, dass auch die Warnung vor der Formel zur Formel gerinnt[6], und ein Zitat genügt, um die Ansicht fast aller Autoren zusammenzufassen:

> Ich finde es immer wieder bedauerlich - und zugleich faszinierend -, dass es dann dennoch gelingt, durch intensives Befolgen von allgemeingültigen Ratgebern der Art „Wie bewerbe ich (?!) mich richtig?" die meisten Bewerbungen so zu standardisieren, dass dieses Einzigartige hinter einer Fassade von Üblichkeiten geschickt versteckt werden kann. Wenn Sie alles befolgen, was Ihnen üblicherweise empfohlen wird, dann werden Sie mit Sicherheit eine übliche Bewerbung zustande bringen, in der nach meinen Erfahrungen zu etwa 90% das gleiche steht wie in allen anderen (Schweiker 1995: 81 ff.).

Gleichermaßen energisch werden auch die französischen Bewerber davor gewarnt, „une lettre stéréotypée" (Rebondir 1996:5), „formules toutes faites" (Le Bras 1994: 22), des „phrases creuses", „banalités" (Monnet 1994: 52), „fomules bateaux" (Monnet 1994: 53), „termes usés jusqu'à la corde" (Monnet 1994: 50), „lettres coquille vide, remplies des meilleurs intentions du monde" (Duhamel/Lachenaud 1995a: 16) oder des „lieux communs" (Duhamel/Lachenaud 1995a: 157) zu benutzen. Hier genügt ebenfalls *ein* Zitat, das repräsentativ für fast alle anderen Autoren, die sich auf den französischsprachigen Raum beziehen, stehen kann:

---

[6] Vgl. z.B. Coelius 1994: 45; Gladigau 1987: 183; Lorenz 1995: 141; Radke 1994: 24, 108 und 105; Wucknitz 1994: 75.

Überlegungen zum Konzept Formelhaftigkeit

Comment éviter de faire une lettre de candidature-type, truffée d'expressions-bateau qui n'inspire au lecteur qu'un sentiment de déjà vu et quelques baillements ennuyés? (Duhamel/Lachenaud 1995a: 19).

Die Ratgeber diagnostizieren also Formelhaftigkeit, und sie raten vom Formelgebrauch ab.
Fast ausnahmslos benutzen die Autoren bei ihrer „stilistischen Moralpredigt" Begriffe wie „Formel" und „Floskel", ohne näher abzugrenzen, was genau sie darunter verstehen. Für den ratsuchenden Bewerber reicht dieses umgangssprachliche Verständnis in der Regel auch vollkommen aus; im Rahmen einer linguistischen Analyse ist jedoch eine wissenschaftliche Definition, die ich im folgenden Kapitel anstrebe, notwendig.

3.1. FORMELHAFTIGKEIT AUF SATZNIVEAU

Der aus dem lateinischen Wort *formula* (Norm, Maßstab, bestimmte Fassung) entlehnte Begriff entstammt ursprünglich dem juristischen Sprachgebrauch [vgl. *Eidesformel, Schwurformel, Strafformel* (Pfeifer 1989: 464)] und erfuhr erst später eine erhebliche Extension bis zu dem heutigen Gebrauch in einigen *formel-* haften Wendungen: „Wir bringen Sachverhalte auf eine verständliche/leichte/einfache/ gemeinsame/treffende/feste/(...) Formel, wir finden eine gemeinsame Formel für etwas usw." (Stein 1995: 11). Da es eine allgemein akzeptierte Definition der Termini „Formel", „formelhaft", „phraseologisch", „vorgeformt" etc. bis heute nicht gibt, geschweige denn eine verbindliche Terminologie, ist man gezwungen, mit einem ziemlich unscharfen Begriff zu arbeiten.
Burger und Coulmas unterscheiden Phraseologismen im engeren Sinne (also z.B. Redewendungen und Sprichwörter[7]) einerseits und Routineformeln und Phraseologismen im weiteren Sinne (pragmatische Idiome[8], wie z.B. „Gute Besserung") andererseits. Fleischer führt als Definitionskriterium für Phraseologismen an: Idiomatizität, semantisch-syntaktische Stabilität, Lexikalisierung und Reproduzierbarkeit (Fleischer 1982: 35)[9], wobei Gülich

---
[7] Vgl. *locutions* und *proverbes* (Gülich/Krafft i. Ersch.: 3).
[8] Vgl. *routines discursives* und *idiomatismes pragmatiques*.
[9] Stein führt folgende Kriterien an: Mehrgliedrigkeit, Polylexikalität, Komplexität, Idiomatizität, Bedeutungsübertragung, Figuriertheit; Stabilität, Festigkeit, Fixiertheit und Reproduziertheit bzw. Reproduzierbarkeit (Stein 1995: 26 ff.).

Überlegungen zum Konzept Formelhaftigkeit

und Krafft darauf hinweisen, dass es sich bei Idiomatizität und Stabilität eigentlich um abgeleitete Kriterien handelt:

> On comprend que telle séquence est préformée du fait qu'elle offre des déficiences syntaxiques, lexicales ou sémantiques ou que son emploi impose des restrictions (en refusant par exemple certaines variations ou transformations) (Gülich/Krafft i. Ersch.: 2).

Idiomatizität (vgl. z.B. "die Katze aus dem Sack lassen" oder „Blut lecken") bedeutet, dass der semantische Gehalt des Gesamtausdrucks nicht als Summe der Einzelbedeutungen rekonstruierbar ist: Die Figuriertheit der idiomatischen Wendung äußert sich in einer Demotivation der Bedeutung, in der Aufhebung der wörtlichen Konstituenten und in der „Opafizierung des lexikalischen Sinnes" (Greciano 1987: 42).

Routineformeln zeichnen sich laut Coulmas insbesondere durch ihre Situationsgebundenheit aus[10] und lassen sich nach Lüger als „eine bestimmte Form schematisierten Sprachhandelns" definieren, die vorliegt, wenn Kommunizierende „auf ausdrucks- und/oder inhaltsseitig vorgeprägte Muster rekurrieren" (Lüger 1980: 23). Auf die Situationsgebundenheit geht Coulmas detailliert ein und weist auf vier entscheidende Gesichtspunkte hin (Coulmas 1981: 81 ff.):

1) Voraussagbarkeit im Kommunikationsablauf
2) Obligiertheit (= subjektives Korrelat zu „Voraussagbarkeit")
3) Abhängigkeit der Bedeutung und Verständlichkeit von der Äußerungssituation und
4) Kulturspezifik.

3.2. FORMELHAFTIGKEIT AUF TEXTNIVEAU

Gülich weitet in ihrem Vortrag auf der IDS-Tagung 1988 den Gegenstandsbereich der Phraseologieforschung weiter aus[11], indem sie vorschlägt, auch formelhafte Texte als „komplexe Routineformeln" zu verstehen, für die sie folgende Charakteristika festhält (Gülich i. Ersch.: 27):

- konstante inhaltliche Textkomponenten

---

[10] Vgl. Burger/Buhofer/Sialm 1982: 117 und Coulmas 1981: 66.
[11] Formelhaftigkeit auf Textebene ist also ein relativ neuer Gegenstand der linguistischen Forschung.

- relativ feste Reihenfolge
- formelhafte Realisierung der Komponenten
- Bindung des ganzen Texts an eine bestimmte Situation, aus der sich eine Hauptfunktion ergibt

Dieses an die Phraseologieforschung anknüpfende Konzept von formelhaften Texten, bei dem komplexe formelhafte Äußerungen als „Phraseologismen auf Textebene" gesehen werden (Gülich i. Ersch.: 1), liegt meiner Arbeit zugrunde. Bei der vorliegenden Arbeit handelt es sich um Phraseologie im weiteren Sinne. Mein Ziel ist, anhand authentischer Anschreiben (= *tokens*) zu einer allgemeineren Beschreibung der abstrakten Entität (= *type*) Bewerbung zu gelangen. *Type* wird hier verstanden als die Gesamtheit der Produktionszwänge und Instruktionen, derer man sich bei der Erstellung eines Texts bedienen kann (vgl. Gülich/Krafft i. Ersch.: 13).
Bei der Beschreibung des *types* werde ich auf die Unterscheidung zwischen „obligatorischen" und „fakultativen" Komponenten (vgl. Gülich i. Ersch.: 12,13) verzichten, da der Prototypenansatz der Vielfalt der *tokens* besser Rechnung trägt.

3.3. PROTOTYPENSEMANTIK

Nach der Theorie der Prototypensemantik[12] geschieht die Kategorisierung nicht über definitorische bzw. distinktive Merkmale, sondern über den Vergleich mit dem als kognitiver Bezugspunkt (= *cognitive reference point*) funktionierenden Prototyp (= *matching principle*) (vgl. Kleiber 1993: 38). „Protoypen scheinen genau die Vertreter zu sein, die die Redundanzstruktur der Kategorie als Ganzes am besten widerspiegeln" (Kleiber 1993: 53), deshalb sei z.B. ein Spatz ein „besserer" Vogel als ein Pinguin, da er die hervorstechendsten Eigenschaften seiner Kategorie zusammenfasse.
Hervorzuheben ist in diesem Zusammenhang das Ziel, einen interindividuellen Konsens zu finden: Kategorisierungen konstituieren sich nicht durch die Erfahrung *eines* Sprechers, sondern durch die intersubjektive Relevanz für die ganze Sprachgemeinschaft, so dass z.B. das prototypische Bewerbungsanschreiben (*type*) von atypischen, norm-divergenten *Samples* nicht in Frage

---

[12] Der Begriff wurde von E. Rosch geprägt.

gestellt wird[13]. Vielmehr gibt es sogenannte Prototypizitätsskalen, die den Repräsentativitätsgrad der Exemplare einer Kategorie angeben. Dabei steht der Prototyp im Zentrum, während sich marginale und atypische Fälle der referentiellen Kategorie in der nicht prototypischen Peripherie befinden; d.h. die Strukturierung der Kategorie spiegelt den Prototypizitätsgradienten wider (vgl. Kleiber 1993: 33 ff.). Fillmore (1975: 123) wendet die Prototypentheorie auch auf semantische Makrostrukturen an, zu deren Beschreibung Begriffe wie *scripts* und *scenes* benötigt werden:

> Wenn man seine Mahlzeit nicht bezahlt, wenn man mit dem Teller in der Hand im Stehen isst, wenn man sich selbst in der Küche bedient usw..., dann ist die Wahrscheinlichkeit groß, dass dieses „Essengehen" keinen guten Vertreter der „Szene" *essengehen* darstellt.

Kleiber nimmt Fillmores Anregung auf und postuliert, dass der Prototypenansatz auf jede sprachliche Kategorie anwendbar sei; er überschreibt daher sein letztes Kapitel: „Einige ungemein prototypische Schlussbemerkungen" (Kleiber 1993: 139). Konkret angewandt auf mein Corpus-Material bedeutet dies, dass die als formelhaft klassifizierten *Samples* prototypischen Charakter besitzen und die in Kapitel 7 diskutierten kreativen Formen weniger repräsentativ sind. Da ich große Schwierigkeiten hätte, *ein* konkretes Beispiel für prototypische Bewerbung anzugeben, schließe ich mich der weiter gefassten Auffassung an[14], d.h. ich verstehe den Prototypen als abstrakte, aus typischen Attributen zusammengesetzte Entität, also als kognitives Gebilde mit typischen Eigenschaften und nicht als konkretes Exemplar, anhand dessen die typischen Eigenschaften mit Hilfe der psychischen Repräsentation dieses

---

[13] Auch bei der Existenz eines schwarzen Schwanes, bleibt der Satz „Schwäne sind weiß" also wahr. Damit wird ein wesentlicher Kritikpunkt am Modell der notwendigen und hinreichenden Bedingungen, das Langacker 1987 auch Modell der definitorischen Eigenschaften (*critical attribute model*) nennt, berücksichtigt. Diese Theorie war insbesondere auf Grund der zu minimalistischen, „spartanischen" Sicht der zu berücksichtigenden Merkmale kritisiert worden, die z.B. zur Eliminierung der Eigenschaft „fliegen" für Vögel führt, da sie nicht bei allen Vertretern vorkommt, obwohl man sie in der semantischen Definition des Wortes eigentlich gern vertreten sehen möchte (vgl. Kleiber 1993: 22 ff.).

[14] In der Weiterentwicklung der Prototypensemantik wird der Prototyp ersetzt durch „prototypische Effekte" bzw. „lokale Ähnlichkeit". Zentrale Ähnlichkeit ist nicht mehr erforderlich, was einen Übergang „von einer monoreferentiellen Konzeption der Kategorien zu einer multireferentiellen Konzeption" nach sich zieht (Kleiber 1993: 120). Auf eine eingehende Diskussion der beiden Versionen verzichte ich an dieser Stelle, da dieses zu weit vom Thema der Arbeit wegführen würde.

Überlegungen zum Konzept Formelhaftigkeit

einen prototypischen Objektes erst herausgearbeitet werden (vgl. Kleiber 1993: 43).
Nur auf der Grundlage dieses Ansatzes können die in Kapitel 7 besprochenen kreativen *Samples* als *tokens* der Kategorie „Anschreiben" klassifiziert werden. Doch bevor ich auf diese an der Peripherie liegenden Beispiele eingehe, sollen zunächst die im Zentrum des Prototyps befindlichen Bewerbungen, also die formelhaften *tokens*, thematisiert werden.

4. DER BEWERBUNGSBRIEF - NUR EINE FORMEL?

4.1. STRUKTURELLE FORMELHAFTIGKEIT

Den Begriff „strukturelle Formelhaftigkeit" habe ich eingeführt, da es meines Erachtens sinnvoll ist, Konventionen in bezug auf Verfahren, Layout und Inhaltskomponenten von Formelhaftigkeit auf sprachlicher Ebene (vgl. Kapitel 4.2. ff.) zu trennen.

4.1.1. BINDUNG DES TEXTES AN EINE SITUATION

„Bewerbung, meist schriftliches Angebot eines Arbeitsuchenden an einen privaten oder öffentlichen Arbeitgeber zur Begründung eines vertraglich geregelten Arbeits- oder Ausbildungsverhältnisses (...)" - so lautet, leicht verkürzt, der in Band 3 der Brockhaus Enzyklopädie gegebene Eintrag zu „Bewerbung" (Brockhaus 1987: 253). Aus dieser Kurzdefinition lässt sich sowohl die Bindung von Anschreiben an die Situation „Arbeitssuche" herleiten, wie auch die sich hieraus ergebene Hauptfunktion des Textes, nämlich das „Angebot (...) zur Begründung eines (...) Arbeitsverhältnisses (...)". Somit ist das vierte von Gülichs Definitionskriterien für formelhafte Texte erfüllt (vgl. Kapitel 3.2.).

Meist jedoch wird der Begriff „Bewerbung" weiter differenziert, und man unterscheidet
1) Bewerbungen, die sich auf eine Ausschreibung beziehen und
2) sogenannte Blind[15] - oder Initiativbewerbungen[16] (frz.: *candidature spontanée*), bei dem keine konkrete Stellenausschreibung vorliegt, sondern bei der ein Personalbedarf nur antizipiert wird[17]: „(...) haben Sie sicher Bedarf an

---

[15] Blindbewerbungen werden in England auch *cold applications* oder *speculative applications* genannt (Neuhaus/Neuhaus 1995: 57).
[16] Schmidt und Enns verwenden synonym den Begriff *Direktbewerbung* (Schmidt/Enns 1994: 94).
[17] Zu weiteren Definitionen von *Blindbewerbung* siehe auch Kratz 1993: 69; Lorenz 1995: 140; Staufenbiel 1995: 101.

qualifiziertem Personal"; „falls Sie in der Zukunft Ihren Personalbedarf erweitern wollen", „je souhaiterais connaître vos perspectives de recrutement à court et moyen terme"; „Si vous êtes (...) en phase de recrutement".
In Rückläufen auf Annoncen wird oft auf das gewünschte Bewerberprofil eingegangen: „Sie suchen einen___ **mit abgeschlossenem Informatik- oder Elektrotechnikstudium und einigen Jahren Berufserfahrung in der Entwicklung industrieller Software**", während Initiativbewerbungen sich zwangsläufig auf einer wesentlich globaleren Achse bewegen müssen, da die gewünschten Kompetenzen in der Regel nicht bekannt sind: „Ich kann mir vorstellen, dass Sie in Ihrem wachsenden Unternehmen einen ständigen Bedarf an fähigen, engagierten und leistungsfähigen Mitarbeitern und Mitarbeiterinnen haben", „Le développement du marché aéronautique nécessite de s'entourer de collaborateurs à la fois très impliqués et capables de s'adapter".

Drescher hat in ihrer Arbeit zu Absagebriefen noch weitere verfahrenstechnische Divergenzen aufgezeigt: Während der Bewerber mit seiner Antwort lediglich auf das Inserat[18] reagiere, eröffne er im Falle einer Blindbewerbung die Kommunikation (vgl. Drescher 1994: 119). Im positiven Fall folge dann ein Zwischenbescheid beziehungsweise eine Einladung zum Vorstellungsgespräch[19], im negativen Fall direkt eine Absage.

Anders als Drescher, die die Effizienz von Blindbewerbungen in Frage stellt, behauptet Monnet: „La candidature spontanée est de loin la méthode la plus efficace" (Monnet 1993: 54) und untermauert ihre These mit einer Untersuchung des APEC, der zufolge 20-25% der *cadres* ihre Stelle auf diesem Wege gefunden hätten. Manche Autoren schätzen die Anzahl sogar auf mindestens 60% der Einstellungen (vgl. z.B. Leiritz 1996: 8), während auf Grund von Anzeigen laut Nuq (Nuq 1991: 73) nur 16% der Positionen und durch Vermittlung von öffentlichen Institutionen, wie z.B. dem Arbeitsamt, nur 18% (Monnet 1994: 54) der Positionen vergeben werden. Duhamel/Lachenaud gehen noch weiter und behaupten: „Ces entreprises (en général les grandes et les plus connues) ne passent jamais par le système des petites annonces. Elles puisent dans la masse des candidatures spontanées qu'elles reçoivent" (Duhamel/Lachenaud 1995a: 32). Möglicherweise sind diese Unterschiede kulturell bedingt, denn bei meinen französischen *Samples* handelt es sich tatsächlich in der überwiegenden Zahl um Spontanbewerbungen, wohingegen

---

[18] Zur Analyse von Anzeigen siehe Ortner 1992.
[19] Zur Analyse von Vorstellungsgesprächen siehe Grießhaber 1987 und Kranz 1991.

Der Bewerbungsbrief - nur eine Formel?

sich das Verhältnis bei den deutschen Bewerbungen in etwa die Waage hält. Diese verfahrenstechnischen Unterschiede schlagen sich besonders in der Einleitung nieder[20]. Liegt eine Stellenausschreibung vor, so beziehen sich die Bewerber explizit darauf und benutzen dafür eines der folgenden Muster:

- Vous/votre entreprise (re)cherche...
- Votre annnonce (...) a retenu toute mon attention
- En réponse à votre annonce parue dans le__ du__
- C'est (...) avec un grand intérêt que j'ai pris connaissance de votre annonce dans__
- Je suis très intéressé par le poste d'___ dans votre annonce__ du__
- mit Bezug auf Ihr Inserat in der___ vom ___
- bezugnehmend auf___
- mit großem Interesse habe ich Ihre Anzeige in___ gelesen/zur Kenntnis genommen
- Sie suchen...

Neben den oben vorgestellten Klassifikationsmöglichkeiten unterscheidet Reichel zwischen *Einzelbewerbung*, also dem Anschreiben einer bestimmten Firma mit einer gezielten, exakt auf das Unternehmen eingehenden Bewerbung, und *Massenbewerbung*, also dem Ansprechen einer großen Zahl von Unternehmen mit einer allgemein formulierten Standardbewerbung (Reichel 1993: 18).

Wie anfangs angedeutet, ist allen Anschreiben die Sprechabsicht des Bewerbens gemeinsam, die immer implizit mitschwingt, meist sogar explizit mit Hilfe von performativen Verben verbalisiert wird: „sich bewerben", „Bewerbungsunterlagen einreichen", „Bewerbungsmappe übersenden", „Bewerbungsunterlagen schicken", „sich vorstellen", „solliciter un emploi" „rechercher", „être à la recherche", „adresser sa candidature à qn", „faire acte de candidature", „postuler pour un travail", „poser sa candidature", „proposer ses services/sa candidature", „présenter sa candidature". Unabhängig davon, ob der illokutionäre Sprechakt in Form eines Statements [= „Hiermit bewerbe ich mich um..."] oder einer Bitte [= „Je sollicite de votre (haute) bienveillance un emploi"] realisiert wird, bleibt der propositionale Gehalt gleich[21].

---

[20] Da verfahrenstechnische Unterschiede in diesem Fall direkte Auswirkungen auf die sprachliche Realisierung haben, stelle die benutzten Formulierungen hier und nicht erst in Kapitel 4.2. vor.

[21] Imperativkonstruktionen werden aus Gründen der Höflichkeit zumeist vermieden. In den Musterbüchern jedoch finden sich bei der Bitte um ein Vorstellungsgespräch vereinzelt „kesse" Aufforderungen des Typs: „Und wenn Sie meinen gesunden Menschenverstand und

Der Bewerbungsbrief - nur eine Formel?

Eine weitere Gemeinsamkeit zwischen deutschen und französischen Bewerbungen ergibt sich aus dem Medium *Brief*. Obwohl unter den Linguisten[22] weitgehend Einigkeit über den dialogischen Charakter der Textsorte *Brief* besteht, unterscheidet sich Briefkommunikation von Alltagskonversation aufgrund der zeitlichen und räumlichen Trennung der Interaktionspartner[23]. Drescher (Drescher 1994: 120) weist im Zusammenhang von Absagebriefen auf den asymmetrischen Charakter der Kommunikation hin und hebt die Aufspaltung der Sender- bzw. Empfängerrolle in Absender (= Unternehmen), Schreiber (= Sekretariat) und Verfasser (= Sachbearbeiter) hervor.

Bevor ich im Kapitel 4.1.2. mit der Analyse des Layouts beginne, möchte ich noch kurz auf einige verfahrenstechnische Unterschiede zwischen Frankreich und Deutschland hinweisen.

> Le sérieux allemand a encore frappé. Si l'on désire poser sa candidature Outre-Rhin, mieux vaut prévoir plusieurs timbres d'office (Duhamel/Lachenaud 1995b: 164).

Die Anspielung auf die Notwendigkeit von einem höheren Briefporto ist tatsächlich nicht ganz von der Hand zu weisen, denn in Frankreich werden dem Anschreiben in der Regel weder Zeugnisse bzw. Ausbildungsnachweise noch Referenzangaben oder Praktikumsbescheinigungen beigefügt. Auch auf ein Photo wird häufig verzichtet (vgl. Duhamel/Lachenaud 1995b: 164). Laut Lee et al. reicht es im Falle einer Spontanbewerbung sogar aus, nur ein Anschreiben ohne jegliche Anlage zu versenden (Lee et al. 1993/95: 195). Diese Empfehlung wird in der Realität jedoch nicht beachtet. Die Tatsache, dass Bewerbung in Frankreich also nur aus Anschreiben und Lebenslauf besteht, veranlasst Siewert dazu, mit leicht pejorativem Unterton zu behaupten, eine französische Bewerbung sei denkbar simpel und würde in Deutschland unmittelbar im Papierkorb landen (vgl. Siewert 1993: 66, 81).

---

meinen Humor entdecken wollen, dann laden Sie mich einfach zu einem Vorstellungsgespräch zu sich ein" (Bsp. von Holstein 1994: 166).

[22] Für eine detaillierte Analyse des Mediums „Brief" siehe Hartung 1983, Langheine 1983.

[23] In manchen EU-Staaten, vor allem in den angelsächsischen Ländern wie Großbritannien, Malta und Irland, sind schriftliche Bewerbungen allgemein eher unüblich. Mündliche Formen der Bewerbung (wie z.B. Telefongespräche oder eine persönliche Vorstellung) bleiben in der vorliegenden Arbeit jedoch unberücksichtigt.

Der Bewerbungsbrief - nur eine Formel?

4.1.2. LAYOUT NACH DIN 5008

Auch für das Layout von Bewerbungsbriefen gibt es feste Normen, die aber kulturell verschieden sind. Bei einer ersten Sichtung des Materials springt sofort ins Auge, dass die deutschen Bewerbungen ausnahmslos getippt sind, während die französischen überwiegend handschriftlich verfasst sind. In Deutschland sind sich die Autoren der Ratgeberliteratur darüber einig, dass - genauso wie der früher übliche Lebenslauf in Aufsatzform, der heute durchgängig durch die tabellarische Form ersetzt worden ist[24] - ein handgeschriebenes Bewerbungsschreiben nicht mehr üblich ist (vgl. Radke 1995: 75[25]). Durch die Entwicklung der Laserdrucker gilt selbst ein mit Schreibmaschine oder Nadeldrucker getipptes Anschreiben nicht mehr als zeitgemäß (vgl. Lorenz 1995: 143; Radke 1995: 74), und die Autoren geben sogar Kommentare zum Schrifttyp:

- Wählen Sie eine klassische Schrift wie Times New Roman, Arial (entspricht Helvetica). Exotische Schriften wie Surf Style, Waldorf oder Script passen zu einer Einladung, die Sie an Freunde verschicken, jedoch nicht zu einer Bewerbung (Radke 1994: 76).
- Helvetica ist eine sehr klare, seriöse und ernste Schrift. Times ist eine eher rundere, weichere Schrift. Courier ist eine Schrift aus den Anfangstagen der Computerausdrucker und nicht mehr zeitgemäß (...) Nicht-proportionale Schriften sind aus unserer Sicht auch nicht mehr zeitgemäß (Lorenz 1995: 48/49).

Aber nicht nur die Schrift wird festgelegt, sondern auch Leerzeilen und Ränder sind akribisch durch das vom Deutschen Institut für Normung e.V. herausgegebene DIN-Blatt 5008 reglementiert worden[26] (vgl. Gladigau 1987: 12 ff.). Auf den ersten Blick erhält man den Eindruck, als sei der Rahmen für das Layout und die Seitenaufteilung in Deutschland viel rigider gesteckt. Allerdings täuscht das Fehlen einer DIN-Norm in Frankreich über die Existenz bestimmter Präsentationsregeln hinweg. Neben den deutsch-französischen „Universalien"[27] gibt es auch in Frankreich bestimmte kulturspezifische Regeln

---

[24] Vgl. z.B. Lorenz 1995: 65.
[25] Vgl. auch Lorenz 1995: 50: „**Auf keinen Fall** sollten Sie es - es sei denn, es wird ausdrücklich gewünscht - handschriftlich abfassen".
[26] Erstaunlicherweise divergiert das in der Bewerberliteratur empfohlene Layout trotzdem zum Teil erheblich: vgl. Hesse/Schrader 1992: 57; Neubarth 1985: 64/65; Oppermann-Weber 1993: 168; Reichel 1995: 29; Staufenbiel 1995: 84.
[27] Hiermit meine ich z.B. saubere äußere Präsentation: „Une lettre n'admet ni ratures, ni fautes d'orthographe, encore moins des 'pâté' ou un coup de Typex!" (Leiritz 1996: 13; vgl. Duhamel/Lachenaud 1995a: 117) oder das gebräuchliche Papier: „N'employez jamais du

Der Bewerbungsbrief - nur eine Formel?

über Form und Aufbau: „Si leur architecture est invisible à l'oeil nu, elle répond néanmoins à un ensemble de règles bien définies" (Duhamel/Lachenaud 1995a: 18; vgl. Duhamel/Lachenaud 1995b: 170; Bon 1996: 80; Le Bras 1992: 12; de la Blanchardière/Bonnin-Kerjean 1994: 146). Zu diesen gehört a) die Tatsache, dass ein französisches Anschreiben handschriftlich verfasst werden sollte, b) die Gliederung einer französischen Bewerbung in Absätze und c) die Einhaltung gewisser Ränder.

a) „Votre lettre de motivation est toujours manuscrite" (Monnet 1994: 125[28])

Eine Bewerberin z.B. zeigt ihr Bewusstsein für den Einfluss der Graphologie[29], indem sie sich am Ende des Briefes für ihre Schrift entschuldigt: „Si ma lettre doit être soumise à une analyse graphologique, je me permets de vous signaler que je suis gauchère". Wenn auch inzwischen schon vermehrt die Computerbenutzung toleriert wird[30], ist die handschriftliche Fassung immer noch die präferierte Lösung. Selbst diejenigen Bewerber, die sich des PCs bedienen, wählen zum Teil Schreibschriftformate oder rechtfertigen sich am Fuße der Seite für die PC-Benutzung. Solche Metakommentare finden sich im deutschen Material nicht, da graphologische Analysen hierzulande nicht die Regel sind:

> Trop „scientifiques" pour se laisser tenter par de telles vogures, les Allemands n'ont jamais versé dans la graphologie (Duhamel/Lachenaud 1995b: 165).

b) „en français il faut faire des paragraphes" (Bsp. 2, l. 19 zitiert in Gülich/Krafft I. Ersch. : 7)

Dieses Zitat entstammt einem im Rahmen interaktiver Schreibforschung entstandenen Corpus und fasst zusammen, was in der Ratgeberliteratur umständlich paraphrasiert wird.

---

papier quadrillé ou ligné, du papier de couleur, et encore moins du papier parfumé" (Le Bras 1994: 18; vgl. Duhamel/Lachenaud 1995a: 116).
[28] Vgl. Bon 1996: 80; Gérard et al. 1992: 70, 72; Huguet 1985: 164; Nuq 1991: 74; Vermes 1995: 169 (bei Bewerbungen auf Annoncen); de la Blanchardière/Bonnin-Kerjean 1994: 145; de Visme/Colombat 1993: 129; Duhamel/Lachenaud 1995a: 116; Gabay 1991: 344; Huguet 1985: 160; Le Bras 1992: 12; Le Bras 1994: 18; Monnet 1994: 47; Rebondir 1996: 10, 131, 132.
[29] Welche Schlüsse die Graphologie aus den verschiedenen Handschriften zieht, ist an dieser Stelle irrelevant. Der interessierte Leser sei verwiesen auf Duhamel/Lachenaud 1995a: 132 und Rebondir 1996: 133.
[30] Vgl. Poncer 1983: 63; Vermes 1995; 171 (bei Spontanbewerbungen); Fleury 1995: 24, 42; Neuhaus/Neuhaus1995: 107.

„Chaque paragraphe doit être clairement distinct des autres. Laissez de l'espace entre eux. Vous pouvez réaliser un léger retrait au début de chaque paragraphe (méthode française) ou l'aligner sur la gauche (plus anglo-saxon). Si vous optez pour la première solution, appliquez ce même retrait à la mention 'Madame, Monsieur'" (Duhamel/Lachenaud 1995a: 122; vgl. Bon 1996: 81; Fleury 1995: 27; Le Bras 1994: 22; Monnet 1994: 48 ff. Rebondir 1996: 131).

c) „Montre-moi comment tu marges, je te dirai qui tu es" (Duhamel/ Lachenaud 1995a: 133)
Im allgemeinen wird in Frankreich ein Rand von 3-4 cm auf der linken Seite und etwa 1-2 cm auf der rechten Seite als angemessen empfunden. Ein großer linker Rand drücke „goût du risque" und „esprit d'initiative" aus, wohingegen der rechte Rand möglichst klein sein solle, da er ein „manque de confiance en soi" suggeriere (vgl. Duhamel/Lachenaud 1995a: 133; Le Bras 1994: 20; Monnet 1994: 47; Rebondir 1996: 133).
Wie das folgende Kapitel zeigen wird, gibt es nicht nur für das Layout gewisse Normen, sondern auch das Vorkommen bestimmter semantischer Komponenten ist weitgehend festgelegt.

4.1.3. DIE SEMANTISCHEN KOMPONENTEN UND IHRE REIHENFOLGE

In fast allen Bewerbungsbüchern gibt es ein Kapitel, in dem der makrostrukturelle Aufbau des Textes, d.h. seine semantischen Komponenten und die Stelle, an der diese realisiert werden, normativ festgeschrieben ist. Hier werden die typischen Bestandteile eines Anschreibens aufgelistet, und es werden Hinweise zu ihrer Realisierung gegeben. In Job Fit (Reinartz 1994: 176 ff.) gibt Reinartz sogar einen ganzen Katalog von Vorschlägen für die Versprachlichung der Einleitung und des Schlusssatzes, aus dem die Bewerber - wie aus einem Menü - wählen können.
In den allgemeinen Schemata zum Aufbau von Geschäftsbriefen (vgl. DIN-Normen zur Rand- und Absatzgestaltung sowie Auflistung der semantische Komponenten des Briefkopfes) wird jedoch meist noch nichts über die semantischen Komponenten des Text*körpers* eines *Anschreibens* ausgesagt, so dass man das allgemeine Formular der Textsorte „Geschäftsbrief" von den bewerbungsbriefspezifischen semantischen Komponenten des Textkörpers unterscheiden könnte.

Der Bewerbungsbrief - nur eine Formel?

In der Ratgeberliteratur für den französischen Sprachgebrauch sind solche Schemata eher selten; lediglich Duhamel/Lachenaud versuchen, dem Ratsuchenden ein exemplarisches Modell für den Briefkopf an die Hand zu geben (Duhamel/Lachenaud 1995a: 121).
Lässt man die kulturspezifische Gestaltung außer Acht, so stellt man schnell fest, dass das französische Formular nur marginal anders aufgebaut ist als das deutsche:

- coordonnées de l'expéditeur: prénom, nom, adresse complète avec le code postal et le numéro de téléphone
- coordonnées de l'entreprise: nom de la société, „A l'attention de Monsieur/ Madame X", adresse complète
- objet de la lettre: nom du journal et date de parution, l'indication du poste
- date et lieu d'expédition
- formule de civilité initiale/formule d'appel
- texte
- signature[31]

Während über diesen formalen Aufbau des Rahmens weitgehend Einigkeit besteht, ist der innere Aufbau des Textkörpers umstritten. Manche Autoren geben vage Hinweise, wie z.B. „*Text:* Hier begründen Sie kurz und präzise, a) weshalb Sie sich bewerben, b) warum Sie glauben, der richtige Bewerber für diesen Arbeitsplatz zu sein und c) ab wann Sie die Aufgabe übernehmen können" (Kratz [2]1993: 81); andere untergliedern feiner in: Einleitung, Darstellung der eigenen Qualifikation, Grund der Bewerbung, Gehaltswunsch, Eintrittstermin und Schluss-Satz (Reichel 1993: 29), während noch andere kommentarlos von der *Anrede* zur *Grußformel* springen (z.B. Kreklau 1986: 78). Auch in Frankreich wird nur grob untergliedert: „introduction (accroche, motifs), compétences techniques et qualités personnelles, proposition d'un entretien, formule de politesse" (Rebondir 1996: 107) bzw. noch allgemeiner: „l'introduction, le motif de votre candidature, la conclusion" (de Visme/Colombat 1993: 131). Bei der empirischen Analyse meines Materials habe ich

---

[31] Vgl. auch z.B. Bastien 1995: 18; Hartpence [[1]1986] 1994: 178; Le Bras 1994: 21; Rebondir 1996: 107; Visme/Colombat 1993: 131.

Der Bewerbungsbrief - nur eine Formel?

folgende Komponenten herausgearbeitet[32], von denen aber niemals alle gleichzeitig realisiert wurden[33]:
1. Aufhänger: z.B. performative Äußerung der Bewerbungsabsicht/ Bezug auf ein Inserat, ein Telefonat, ein persönliches Gespräch etc.
2. Motivationsbekundung
   ⇒ Betonung des Interesses für die Position
   ⇒ Lob des Firmenimages/Eingliederungswunsch
3. Darstellung der Schlüsselqualifikationen/Selbstpräsentation
   ⇒ spezielle Erfahrungen (z.B. Auslandsaufenthalte etc.)
   ⇒ Ausbildung/Studium (Abschluss, Schwerpunkt, Thema der Abschlussarbeit etc.)
   ⇒ augenblickliche Tätigkeit (evtl. mit Angabe des Verantwortungsbereiches)
   ⇒ Profilabgleich (Bewerberprofil vs. Stellenprofil)/PACING (Bewerber vs. Unternehmensphilosophie)
4. Anlagenverweis
5. Bitte um ein Vorstellungsgespräch

seltener:
- Wechselgründe (z.B. Arbeitslosigkeit, Suche nach neuer Herausforderung)
- Mobilität
- Gehaltsvorstellung
- frühestmöglicher Eintrittstermin/Kündigungsmodalitäten
- Bitte um vertrauliche Behandlung der Bewerbung
- Verweis auf Clubmitgliedschaften oder ehrenamtliche Tätigkeiten

Die Ziffern 1-5 deuten an, dass sich auch innerhalb des Textkörpers eine präferierte Reihenfolge der semantischen Komponenten herausgebildet hat, die wenig variabel ist.
Lediglich die Stellung des (nicht immer realisierten) Anlagenverweises und die Anordnung weiterer Argumente (vgl. Rubrik „seltener") innerhalb dieser Globalstruktur ist frei, so dass ich Monnets Behauptung, es gebe gar keinen festen Aufbau und man könne die Reihenfolge der Absätze relativ willkürlich umdrehen (Monnet 1994: 62), so nicht zustimmen kann. Als Ausnahme habe ich im authentischen Corpus nur ein einziges *Sample* gefunden, in dem das Datum vor der Unterschrift, also am Ende des Textkörpers, stand , ein weiteres

---

[32] Auf eine kulturspezifische Differenzierung verzichte ich an dieser Stelle, da die globale Struktur deutscher und französischer Anschreiben große Analogien aufweist. Lediglich in bezug auf die Schwerpunktsetzung bestehen zum Teil erhebliche Unterschiede, die auch Auswirkungen auf den Formelhaftigkeitsgrad haben, deren Diskussion ich aber auf Kapitel 4.2.2. verschieben möchte.
[33] Lediglich der Komponente „Aufhänger" kommt eine textkonstitutive Funktion zu, denn es handelt sich nur dann um eine Bewerbung, wenn an irgendeiner Stelle aus dem Text hervorgeht, dass der Absender sich bewerben möchte.

Der Bewerbungsbrief - nur eine Formel?

Sample, in der die Einleitung und die Bitte um das Gespräch in der Mitte des Textes stehen und eines, bei dem der Bezug („Auf Ihr Unternehmen bin ich durch Ihre Stellenausschreibung in der___ aufmerksam geworden") erst im letzten Abschnitt auftaucht. Damit ist - mit kleinen Abstrichen - auch das zweite von Gülich angeführte Definitionskriterium für formelhafte Texte erfüllt (vgl. Kap. 3.2.).

4.1.4. WAS NICHT INS ANSCHREIBEN GEHÖRT

Um zu verdeutlichen, wie ein gelungenes Anschreiben aufgebaut sein sollte, bedienen sich die Autorenteams oft einer Negativdarstellung, anhand derer sie die „Todsünden" (so den Titel des Bandes 5 der Job Fit Reihe) einer Bewerbung verdeutlichen. Gewarnt wird besonders vor allgemeinen Abhandlungen über die Arbeitsmarktlage und vor grundsätzlichen Erörterungen über das Berufsleben oder die angestrebte Position („Minidissertationen"), wie z.B. „Denn gerade wo sich solide Managementtechniken über die Jahre in einem dynamischen Markt bewährt haben, glaube ich, als Hochschulabsolvent viel lernen zu können" (Braun 1994: 54; vgl. auch Kratz ^{2}1993: 86).
Radke warnt weiter vor Daten aus dem Privat- oder Intimbereich, wie auch vor der Darstellung politischer bzw. religiöser Lebensanschauungen (Radke 1994: 107). Das folgende bewusst überzogene Beispiel verdeutlicht, was damit gemeint ist:

> Mein bisheriger Werdegang ist alles andere als positiv gewesen. Meine mehrjährige Tätigkeit im Außendienst hat meine Gesundheit untergraben. Auch meine familiäre Situation - Trennung von der Familie seit 2 Jahren - belastet mich sehr. Aus diesen Gründen sind meine Bewerbungen in letzter Zeit erfolglos geblieben. Ich hoffe, Sie haben Verständnis für meine ungewöhnliche Lage" (Kratz ^{2}1993: 86).

Born schließlich rät davon ab, den Lebenslauf wiederzugeben bzw. den gesamten beruflichen Werdegang darzustellen, die Zeugnisse vorwegzunehmen, besonders um die Berücksichtigung der eigenen Bewerbung zu bitten oder den Anzeigentext zu kommentieren (Born 1982, ^{9}1991: 126)[34]. In Job Fit 6 legt Dieckmann dem Bewerber ferner nahe, keine Namens- und Titelregister von Professoren aufzuführen, zur Eigenprofilierung nur

---

[34] Vgl. Dröll 1992:159.

Der Bewerbungsbrief - nur eine Formel?

Qualifikationen anzubieten, die einen Bezug zu der Position haben und auf Referenzangaben - sofern nicht ausdrücklich gefordert - zu verzichten (Dieckmann 1994: 36 ff.). Manchmal werden sogar komplette Anschreiben als Negativbeispiele abgedruckt, die trotz des Hinweises, dass es sich um eine reale Bewerbung handele, eher zum Schmunzeln anregen, als eine wertvolle Produktionsanleitung bieten. In Frankreich wird die Herausarbeitung von „normabweichenden" Bewerbungen oft mit kleinen Fehlersuchspielen verknüpft: „Dans la lettre de Jean Agmard ci-dessous, trouvez au moins 20 erreurs de présentation, de style, de rédaction. (La correction se trouve en annexe, en fin d'ouvrage)" (Monnet 1994: 80).

Obwohl Lebensläufe nicht Thema meiner Arbeit sind, ist ein kleiner Exkurs an dieser Stelle unerlässlich, denn der Aufbau vom Lebenslauf hat Auswirkungen auf die kulturell verschiedene Struktur des Anschreibens. Während Projekte und deren Umsetzung oder auch der Verantwortungsbereich einer Person in Deutschland z.B. im Anschreiben thematisiert werden, gehört diese Komponente in Frankreich ähnlich wie in Großbritannien in den Lebenslauf (vgl. Neuhaus/Neuhaus 1995: 101)[35]. Gleichermaßen werden außerberufliche Aktivitäten wie Clubzugehörigkeiten, Auslandsaufenthalte, Hobbys und sportliche Interessen im Lebenslauf abgehandelt, wohingegen diese Rubrik in

---

[35] Wie in Frankreich spielen außeruniversitäre Tätigkeiten und persönliche Interessen in Großbritannien eine weit größere Rolle als in Deutschland, was Radke anschaulich zusammenfasst mit seinem Hinweis auf die Redensart „Work to live" (Radke 1994: 160; vgl. auch bei Lee et al. 1993/95: 77 „Live and let live"). Andere Analogie zu Frankreich: Auf Lichtbild (Radke 1994: 161), Arbeitszeugnisse und Referenzen (Neuhaus/Neuhaus 1995: 55) kann in der Regel verzichtet werden. Charakteristisch für die angelsächsische Form der Bewerbung ist die umgekehrt chronologische Anordnung der Komponenten im Curriculum Vitae: Der Lebenslauf in England beginnt mit den persönlichen Daten bzw. der augenblicklichen Tätigkeit und endet mit dem Geburtsdatum. Schließlich steht im Anschreiben anstelle des Anlagenverweises nur kurz „enc." oder „encs" für „enclosure", und die Betreffzeile wird zwischen Anrede und Eröffnungssatz eingeschoben (Neuhaus/ Neuhaus 1995: 55). Ort und Datum werden in der Regel auf der Höhe der letzten Zeile des Absenders plaziert (Siewert 1993: 57), und der eigene Name wird bei der Absenderangabe im Briefkopf weggelassen. Radke behauptet, im Vergleich zur deutschen Bewerbung habe man in Großbritannien doch erheblich mehr Freiheit für persönliche Experimente (vgl. Radke 1994: 158).
In den Vereinigten Staaten werden - wie in England - weder Zeugnisse noch Photos eingereicht, und es wird eine Aussage zu den beruflichen Zielen im Lebenslauf erwartet (Lorenz 1995: 84). Interessant erscheinen mir die USA insbesondere deshalb, weil soziale Umstände Einfluss auf die semantischen Komponenten haben: „Wenn man sich in den USA bewirbt, gibt man aufgrund der strengen Richtlinien zur Diskriminierung weder sein Alter noch seine Eltern an" (Lorenz 1995: 84).

Der Bewerbungsbrief - nur eine Formel?

Deutschland eher ausgespart wird[36]. Schließlich werden im französischen Lebenslauf auch die beruflichen Ziele (*objectifs de carrière*) in 3-4 Sätzen dargestellt - häufig durch Großbuchstaben typographisch hervorgehoben[37]. So ist es nicht weiter verwunderlich, dass im Gegensatz zu einem (auch typographisch) eher „verspielten" Lebenslauf in Frankreich die deutsche Entsprechung recht nüchtern und streng wirkt:

- Les CV Allemands s'en tiennent aux faits, rien qu'aux faits. Ils se limitent au strict nécessaire: les dates, les fonctions occupées, les missions d'un poste (Duhamel/Lachenaud 1995b: 164)
- Sur la forme, le CV doit s'interdire toute fantaisie de forme et de fond. La présentation est carrée, à la limite de l'austère. Toutes les rubriques sont presentées dans l'ordre chronologique, du plus ancien, au plus récent (Duhamel/Lachenaud 1995b: 165)

Folge dieser unterschiedlichen Schwerpunktsetzung ist, dass deutsche Anschreiben tendenziell länger sind: Deutsche Bewerber erwähnen im Anschreiben Details, die ihre französischen Mitbewerber im Lebenslauf auflisten würden. Auch ohne diese „Beigaben" würde aus dem (deutschen) Brief die ihm zugrunde liegende Sprechabsicht hervorgehen, aber das Formular sieht vor, dass der Bewerber zusätzliche Informationen gibt, die ihn von der Masse abheben (vgl. die Rubrik „seltener realisierte semantische Komponenten"). Diese Zusatzinformationen sind inhaltlich schwer voraussagbar, so dass Verallgemeinerungen über die sprachliche Realisierung nicht möglich sind. Dies erklärt gleichzeitig, dass das Konstrukt des prototypischen Bewerbungsbriefes (vgl. Kapitel 8.) in Deutschland kürzer ist als die authentischen Anschreiben. Von einem französischen Bewerber wird im Wesentlichen eine Aneinanderreihung von Formeln erwartet, so dass der Prototyp (vgl. Kapitel 8.) recht authentisch wirkt. Der deutsche, prototypische Brief hingegen hat eine sehr artifizielle Wirkung, da die dort vorgesehenen Leerstellen noch nicht mit Einzelheiten (z.B. zu ehrenamtlichen Tätigkeiten

---

[36] "Ce paragraphe n'existe pas en Allemagne. En France, il est normal d'y faire apparaître tout ce que vous trouvez nécessaire pour que l'on se fasse une idée de vous. Vous mentionnerez:
- les sports que vous pratiquez,
- les associations auxquelles vous participez,
- les pays dans lesquels vous avez séjourné,
- les passions que vous entretenez" (Lee et al. 1993/1995: 170).

[37] Ein weiterer formaler Unterschied in bezug auf den Lebenslauf ist, dass er in Frankreich keine Überschrift trägt und auch weder datiert noch unterschrieben zu werden braucht (vgl. Duhamel/Lachenaud 1995b: 164).

oder früheren Jobs) „aufgefüllt" worden sind. Auf diesen Punkt werde ich im Anschluss an die Diskussion der verschiedenen Formelhaftigkeitsgrade zurückkommen.

Diese Beobachtungen lassen vermuten, dass französische Bewerbungen in stärkerem Maße formelhaft sind als deutsche.

4.2. SPRACHLICHE REALISIERUNG DER SEMANTISCHEN KOMPONENTEN

Das vohergehende Kapitel leitete bereits über zu 4.2., denn die unterschiedlichen Schwerpunkte haben zum Teil auch Auswirkungen auf die Realisierung der semantischen Komponenten.

Häufig ist der Satzakzent kulturell verschieden. Zwar erlaubt das relativ kleine Corpus nur erste Vermutungen, aber ich wage trotzdem die These, dass in Frankreich die Komponenten „Anlageverweis" und „Eingliederungsbereitschaft" fast immer elaboriert werden, während in Deutschland, falls die Bausteine überhaupt thematisiert werden, nur die syntaktische „Minimalversion" zu finden ist. Meiner Ansicht nach hat es erheblichen Einfluss auf den Gesamteindruck beim Leser, welchen semantischen Bausteinen ein vollständiger Satz gewidmet wird, welche Bausteine dagegen nur „en passant" in einem Halbsatz abgehandelt werden. Der französische Bewerber z.B., der den Anlagenverweis mit der Bitte um das Vorstellungsgespräch verbindet und nur durch „Je me tiens à votre disposition pour tout renseignement complémentaire au Curriculum Vitae ci-joint" verbalisiert, hebt sich von der Masse der Bewerber ab, die den Anlagenverweis ausbauen.

Bei den Komponenten „Studienschwerpunkt" und „Thema der Diplomarbeit" hingegen greifen eher die Deutschen zur elaborierten Version, und die Franzosen begnügen sich mit einer knappen Präpositionalphrase.

- Après ___ et l'obtention d'un D.U.T. en___, je...
- C'est pourquoi en plus d'une formation en___, je...
- De par(t) ma formation je...

Der Bewerbungsbrief - nur eine Formel?

Die verschiedenen semantischen Komponenten werden also mit unterschiedlichen Formelhaftigkeitsgraden realisiert, wobei der Formelhaftigkeitsgrad in Deutschland nicht mit dem in Frankreich übereinstimmen muss.

4.2.1. FORMELHAFTIGKEITSGRADE

Meiner Ansicht nach lassen sich vier Formelhaftigkeitsgrade unterscheiden, auf die ich im folgenden näher eingehen möchte, und zwar

    a) wenig variable Formeln (z.b. Anrede- und Grußformeln)
    b) Formeln mit Formulierungsalternativen (z.b. Anlagenverweis und Bitte um ein Vorstellungsgespräch)
    c) Formeln mit Leerstellen (z.B. „Aufhänger" im Falle von Bewerbungen, die sich auf eine Ausschreibung beziehen; Betreffzeile)
    d) inhaltliche Formelhaftigkeit (z.b. Beschreibung der eigenen Kompetenzen)

4.2.1.1. WENIG VARIABLE FORMELN

Unter „wenig variablen Formeln" verstehe ich solche, die in fast jedem *Sample* unverändert realisiert werden und die eine textkonstituive Funktion besitzen. Bestes Beispiel solcher beinahe invarianten Formeln - außerhalb des Kontexts Bewerbung - sind eidesstattliche Versicherungen.
In Bewerbungsanschreiben finden sich Formeln dieses Typs insbesondere am Briefanfang (-> Anrede) und am Briefende (-> Grußformel). Oppermann-Weber schreibt in Job Fit sehr normativ: „Erfinden Sie das Rad nicht immer neu. Ansprech- und Grußformeln haben eine bestimmte Form. Am unverfänglichsten sind: 'Sehr geehrte Damen und Herren' und 'Mit freundlichen Grüßen' (Oppermann-Weber 1993: 169)[38]. Zwar sind theoretisch noch Alternativen denkbar (z.B. „Hochachtungsvoll", „Mit einem freundlichen Gruß"

---

[38] Ähnlich streng ist Radkes Warnung: „Diese [=die Grußformel] sollte keine übertriebenen Eigenkreationen aufweisen, sondern lediglich aus dem üblichen 'Mit freundlichen Grüßen' bestehen. Grußformeln wie 'Ich verabschiede mich für heute auf das Höflichste' oder 'In

Der Bewerbungsbrief - nur eine Formel?

etc.), aber die Sprachteilnehmer nutzen diese Varianten in der Praxis äußerst selten. Anfang und Schluss sind also besonders kreativitätsausschließende Stellen. Dies lässt sich mit der Erwartungshaltung der Personalchefs erklären, denn primäre Funktion der Grußformeln ist es, dem Leser zu zeigen, dass man die Sprachkonventionen beherrscht und nicht, ihn wirklich zu grüßen (vgl. Coulmas 1985: 54). Dieses Phänomen wird oft als „semantische Entleerung" bezeichnet. Schon 1975 stellt Manekeller fest: „Es gibt in Briefen Floskeln, die man streichen kann - der Briefstil wird dadurch besser. Und es gibt Floskeln, die man nicht so ohne weiteres weglassen kann, denn der Leser würde sie vermissen" (Manekeller [4]1985: 37) (vgl. Kapitel 5.).

4.2.1.2. FLOSKELN MIT FORMULIERUNGSALTERNATIVEN

Meist gibt es nicht nur *eine* Möglichkeit der Versprachlichung, sondern ein ganzes Bündel von Realisierungsalternativen, aus dem man sich je nach persönlichem Geschmack einzelne Formulierungen herausgreift.
Im Falle des Anlagenverweises z.B. kristallisieren sich - wenn man auf die Berücksichtigung des Satzkontextes verzichtet, wodurch die Komplexität der Darstellung nur unnötig erhöht würde, mehrere syntaktisch unterschiedliche Konstruktionsvarianten heraus, nämlich:

1. „adresser un CV à qn" (mit den Alternativen: „envoyer un CV à qn", „transmettre un CV à qn", „faire parvenir un CV à qn" und „porter un CV à la connaissance de qn")
2. „joindre un CV [à une lettre]"
3. „vous trouverez ci-joint un CV"

und die eingebetteten Strukturen

4. „le CV vous permettra de (mit der Alternative: „le CV vous donnera")"
5. „Comme vous pouvez/pourrez le constater sur/dans mon CV"

Mein Anliegen ist es zu zeigen, dass Entscheidungen, die man zu Beginn der Satzgenese trifft (= Auswahl eines der fünf Muster), Auswirkungen auf die Fortführung des Satzes haben *können*, aber nicht *müssen*. Bevor ich näher auf diese „Entscheidungsketten" eingehe (Kapitel 4.2.3.), möchte ich zuerst noch die anderen zwei Grade von Formelhaftigkeit vorstellen.

---

freudiger Erwartung Ihrer schnellen Reaktion grüße ich Sie herzlich' werden Ihre Chancen

Der Bewerbungsbrief - nur eine Formel?

4.2.1.3. SATZSCHABLONEN MIT LEERSTELLEN

Bei der Verdeutlichung des dritten Stereotypizitätsgrades knüpfe ich an Fleischers Überlegungen zu Phraseoschablonen an (vgl. auch Gülich i. Ersch.: 19 f.): Danach gibt es auch auf Textniveau schablonenartige Strukturen des Typs X ist X (z.B. „sicher ist sicher", „Urlaub ist Urlaub", „geschenkt ist geschenkt" etc.) mit einem varianten und einem invarianten Teil. Der variable Teil der Formel muss dabei je nach Interaktionsziel situationsspezifisch ergänzt werden (vgl. auch Stein 1995: 122).
Was damit gemeint ist, möchte ich kurz an der in der 23. (Staufenbiel 1995: 83) bzw. in der 24. Zeile (Gladigau 1987: 24) beginnenden „fakultativen"[39] Betreffzeile verdeutlichen, deren Funktion eine Kurzangabe des Inhalts ist, die dem Bewerber ermöglicht, den eigentlichen Text ohne eine langatmige Einleitung zu beginnen: „Pour ne pas commencer par une formule lourde et banale (Suite à votre annonce parue dans le Figaro du 15 septembre 1995 pour un poste d'assistante de direction), nous vous conseillons d'indiquer cette information avant de commencer votre lettre" (Rebondir '96: 117; vgl. Duhamel/Lachenaud 1995a: 110, 121, 138; de la Blanchardière/Bonnin-Kerjean 1994: 153). Falls es sich nicht um eine Initiativbewerbung handelt, die als Überschrift oft nur „Candidature spontanée" o.ä. trägt, deshalb den Formelhaftigkeitsgrad 1 (= wenig variable Formel) hat und bei denen die Autoren uneinig darüber sind, ob eine Betreffzeile in dem Fall überhaupt Sinn macht[40], gehören in den Betreff als Subkomponenten[41] Angaben über a) die Zeitung, in der inseriert wurde, b) das Erscheinungsdatum und evtl. c) die Kennziffer der Chiffre-Anzeige oder alternativ d) die Berufsbezeichnung. Diese

---

wohl kaum verbessern. Ja, es ist sogar vom Gegenteil auszugehen" (Radke 1994: 79).
[39] „Ce n'est pas obligatoire, mais c'est préférable" (Fleury 1995: 26; vgl. Monnet 1994: 49).
[40] „Si vous envoyez une candidature spontanée, il est inutile d'indiquer quelconque référence. Encore moins la mention 'Objet: lettre de candidature'"(Rebondir 1996: 131).
[41] Unter Subkomponente verstehe ich die semantischen „Unterkomponenten" einer Komponente, d.h.: Genauso wie für einen Bewerbungsbrief die in Kapitel 4.1.3. aufgelisteten semantischen Komponenten textkonstitutiv sind, lässt sich jede semantische Komponente weiter in fast immer realisierte Subkomponenten unterteilen. Für die Komponente „Anlagenverweis" in Frankreich z.B. sind die Subkomponenten 1) die Idee „CV", 2) die Idee des Sendens/Schickens und 3) der Grund des Sendens der Anlage üblich. Diese Subkomponenten entsprechen jeweils den Spaltenüberschriften der Tabellen im Anhang.

situationsspezifischen Angaben werden in die Phraseoschablone des Typs „Réponse à l'annonce n° ... Parue dans... le..." (Bon 1996: 82) eingefügt. Anstelle von abstrakten Platzhaltern werden in der Ratgeberliteratur manchmal fiktive Angaben eingesetzt, die der Bewerber dann selbst korrigieren muss, indem er sie durch seine eigenen Daten ersetzt. Da bei der Subkomponente d) [= Berufsbezeichnung] das abstrakte Muster lediglich aus einer Leerstelle besteht, der Informationsgehalt des Platzhalters also gleich null wäre, entstehen teilweise Mischungen aus fiktiv gefüllten Leerstellen und durch Platzhalter gefüllten Leerstellen: Bei Born (Born 1994:15) z.B. wird die Subkomponente d) fiktiv gefüllt (Chefsekretärin), während die Leerstellen der Subkomponenten a) und b) „ungefüllt" bleiben: „Chefsekretärin - Ihre Anzeige in der... Zeitung vom ...".
Andere Beispiele:
- Objet: réponse à votre annonce référence EX2345 (de Visme/Colombat 1993:131)
- Objet: votre annonce parue dans Le Parisien du 27 janvier pour un poste d'attaché clientèle. Référence: 2345 (Duhamel/Lachenaud 1995a: 121)
- Lettre de candidature à l'emploi de... (Gérard et al. 1992: 121)
- Votre annonce, Le Figaro du 10 avril 19.. (ibid.)
- Votre annonce parue dans Le Figaro du 15 février 1995 pour un poste d'assistante de direction (Rebondir 1996: 117)
- Ihre Anzeige im Kölner Stadt-Anzeiger vom 10/11. Juli 19.. Kennziffer: WK 2411KStA (Manekeller 1990/1991: 38)
- Bewerbung als... (Hofstetter 1970: 61)

4.2.1.4. INHALTLICHE FORMELHAFTIGKEIT

Von inhaltlicher Formelhaftigkeit spreche ich, wenn bestimmte „Ideen" immer wieder vorkommen (z.B. Betonung von Teamfähigkeit), die sprachliche Realisierung derselben jedoch im Einzelfall nicht konkret voraussagbar ist. Zwar ziehen diese Inhaltskomponenten häufig bestimmte Verbstrukturen und Kollokationen nach sich, aber das Repertoire der Realisierungsmöglichkeiten ist so groß, dass eine komplette Auflistung der potenziellen Verbalisierungen nur schwer möglich wäre. Im Gegensatz zu Briefanfang und -schluss ist z.B. die Gestaltung der semantischen Komponente „Darstellung der eigenen Fähigkeiten" sprachlich relativ frei. Inhaltlich allerdings fällt auf, dass die meisten Bewerber ähnliche Kompetenzen betonen, nämlich genau diejenigen, von denen sie annehmen, dass sie erwünscht sind.

Der Bewerbungsbrief - nur eine Formel?

Erfahrungen:
- Erfahrung sammeln:

Varianten:
- über Erfahrung verfügen
- Erfahrung haben
- Erfahrung erwerben
- Erfahrung gewinnen
- Erfahrung vertiefen
- Erfahrung komplettieren
- Erfahrung nutzen und entfalten
- Erfahrung besitzen
- Erfahrung erlangen
- Erfahrung machen
- Erfahrung unter Beweis stellen
- Erfahrung vorweisen
- Erfahrung einsetzen

Kenntnisse/Qualifikationen:
- sammeln
- erwerben
- ergänzen
- sich aneignen
- erweitern

Varianten:
- einsetzen
- unter Beweis stellen
- haben
- ausweiten
- vertiefen
- besitzen
- anwenden
- verfügen
- mitbringen

Die Bewerber gehen also davon aus, dass der Leser erwartet, dass sie in irgendeiner Art und Weise über „Erfahrung" sprechen. Kontext und unmittelbare Umgebung sind jedoch nicht voraussagbar.
Ein weiteres Beispiel inhaltlicher Formelhaftigkeit ist die semantische Komponente „Studium": Es gehört offensichtlich zur Formel der Textsorte Anschreiben, etwas über sein Studienfach und seinen Abschluss zu sagen.

Der Bewerbungsbrief - nur eine Formel?

Die Stellung der adverbialen Bestimmungen bzw. des direkten Objektes bei der Kollokation „sein Studium abschließen/beenden" ist jedoch weitgehend frei:
1. (wann?+ Perfekt) habe ich (wo?) (was?) (wie?) (wodurch?) abgeschlossen/beendet
(wann?+ Perfekt) habe ich (was?) (wo?) (wie?) (wodurch?) abgeschlossen/beendet
Ich habe (was?) (wo?) (wann?+ Perfekt) (wie?) (wodurch?) abgeschlossen/beendet
Ich habe (wann?+ Perfekt) (was?) (wo?) (wie?) (wodurch?) abgeschossen/beendet
(was?) (wo?)habe ich (wann?+ Perfekt) (wie?) (wodurch?) abgeschlossen/beendet

2. wie 1. , aber mit Tempusform Futur

wann? (Präsens)	z.B. zur Zeit
wann? (Perfekt)	z.B. im___ diesen Jahres/im ___ 19..
wann? (Futur)	z.B. im ___ diesen Jahres/im___ 19..
welches Fach?	z.B. Betriebswirtschaft
wo?	z.B. an der Universität/Fachhochschule _____
mit welchen Schwerpunkten?	z.B. mit den Schwerpunkten___ und ___
wie?	z.B. mit Erfolg/ erfolgreich/mit der Note___
wodurch?	z.B. mit der Prüfung zum ____/mit einer Diplomarbeit zum Thema____
was?	z.B. mein Studium der_____/mein (Adj.) Studium [Fachrichtung____]/[mit welchen Schwerpunkten?]

Hier bestimmt der Schreiber sowohl über die Auswahl und Realisierung der Subkomponenten (wann?), (wie?) und (wo?) wie auch über deren Stellung im Satz. Zwar ist aufgrund des Ziels der Informationsmaximierung eine Präferenz für die Realisierung möglichst vieler der Subkomponenten abzulesen (vgl. Maximalversion: „Das Maschinenbaustudium an der Universität___ mit der Studienrichtung ____ werde ich nach Abgabe der Diplomarbeit Ende___ mit der Note ___ beenden"), aber auch die „Minimalversion", bei der nur die adverbiale Bestimmung der Zeit realisiert ist, kann im Corpus belegt werden: „Mein Studium werde ich ___ beenden".

Im Zusammenhang mit der Komponente „Darstellung der Schlüssel-qualifikationen" lässt sich ein ganzer Katalog „moderner" und deshalb prototypischer Fähigkeiten zusammenstellen. Zu diesen Kompetenzen, die immer wieder betont werden, gehören neben Teamfähigkeit und Sprachkenntnissen (Kratz 1993: 19 ff.) vor allem EDV-Kenntnisse: „In Zukunft wird das 'Computern' als vierte Kulturtechnik neben Schreiben, Rechnen und Lesen treten" (Kratz 1993: 24). Laut Siewert legen die meisten Firmen außerdem großen Wert auf Kontaktfreudigkeit, Organisationstalent, kommerzielles Geschick und analytisch-logisches Denkvermögen (Siewert 1993: 47; vgl. Dieckmann 1994: 33). Staufenbiel gibt sogar eine Liste von 30 Items als

Der Bewerbungsbrief - nur eine Formel?

Beurteilungskriterien von Firmen (Staufenbiel 1995: 21), was Heinz dazu veranlasst, von „scheinbar persönlichen Eigenschaften" zu sprechen (Hinz 1995: 58).
In meinem authentischen Material akzentuieren die Bewerber vor allem die folgenden Eigenschaften:
- Wortfeld „Flexibilität"
- Wortfeld „Selbständigkeit"
- Wortfeld „Teamarbeit"/„Teamgeist"
- Wortfeld „Engagement"

In Frankreich werden erstaunlicherweise - statistisch gesehen - andere Prioritäten gesetzt:

- Wortfeld „contacts"
- Wortfeld „sens d'organisation"
- Wortfeld „sens de responsabilité"
- Wortfeld „relationnel"
- Wortfeld „adaptabilité"

Zu jedem dieser Wortfelder/Ideen könnte man wiederum eine Liste häufig benutzter sprachlicher Formulierungen angeben, beim Wortfeld „relationnel" beispielsweise benutzen die Bewerber Formulierungen wie „contact relationnel", „maturité relationnelle", „sens du relationnel", „bon relationnel", „goût pour le relationnel", „capacités relationnelles", „qualités relationnelles", „compétences relationnelles" oder einfach „relationnel". Trotz der Vielfalt der Versprachlichungen gibt es ein also verbindendes Element, nämlich die Idee „relationnel".

Es wäre denkbar, bei diesem vierten Typ auf die Verwendung des Begriffs „Formelhaftigkeit" zu verzichten, um eine erhebliche Erweiterung der Definition - und damit auch Verwässerung der Kriterien - zu vermeiden. Ich schlage vor, auch hier bei dem Begriff „Formelhaftigkeit" zu bleiben, denn neben der hohen Frequenz bestimmter kollokativer Wendungen (= „Reste" sprachlicher Formelhaftigkeit) gibt es, wie oben gezeigt, „semantische Formelhaftigkeit".

Ferner darf man Gülichs Hinweis, dass die Festigkeit einer Formel mit zunehmender Komplexität abnimmt, nicht vergessen (vgl. Gülich i. Ersch.: 19). Auch Stein stellt fest, dass das Merkmal „Festigkeit" auf Textebene nicht so eng ausgelegt werden darf wie für die Phraseologismen unterhalb der Text- und Satzebene (vgl. Stein 1995: 322). Formelhaftigkeit kann also nicht als „JA"- oder „NEIN" - Dichotomie gesehen werden, sondern als Kontinuum

Der Bewerbungsbrief - nur eine Formel?

zwischen relativer Invarianz (= Typ a) einerseits und „nur" inhaltlicher Formelhaftigkeit (= Typ d) andererseits. Schon 1982 spricht Fleischer in einem anderen Zusammenhang deshalb auch von „Idiomatizitätsgraden" (Fleischer 1982: 35 ff.).

ZWISCHENBILANZ: Zusammenfassend lässt sich also festhalten, dass Gülichs Definitionskriterien für formelhafte Texte bei Bewerbungsbriefen im großen und ganzen erfüllt sind. Entgegen Borns Behauptung, es gebe für Bewerbungsbriefe keine festen Regeln und Formeln, deshalb seien sie grundsätzlich in der Gestaltung von Form und Inhalt frei (Born 1982 [9]1991), haben sich die oben aufgezeigten Gestaltungskonventionen fest etabliert.

4.2.2. UNTERSCHIEDE ZWISCHEN DEUTSCHEN UND FRANZÖSISCHEN BEWERBUNGSBRIEFEN IN BEZUG AUF DEN FORMELHAFTIGKEITSGRAD

Vor dem Hintergrund der Tatsache, dass in Frankreich individuelle Detailinformationen tendenziell eher im Lebenslauf abgehandelt werden, während diese Punkte in Deutschland im Anschreiben thematisiert werden, lässt sich vermuten, dass die französischen Bewerbungsbriefe formelhafter sind, d.h. dass Unterschiede in bezug auf den Formelhaftigkeitsgrad bestehen. Aufgrund des hohen Stellenwerts eigener Leistungen in Deutschland enthält der Mittelteil des Anschreibens (zwischen Einleitungssatz und der Bitte um ein Vorstellungsgespräch) z.B. wesentlich spezifischere Angaben. Da der Lebensweg und die Leistungen zweier Individuen nie vollkommen identisch sind, die in der Formel zu ergänzende Leerstelle (= der variante Teil) also größer ist als der formelhafte (= invariante) Teil, herrscht für diese Bausteine in Deutschland oft der Formelhaftigkeitstyp 4 (inhaltliche Formelhaftigkeit) vor. In Frankreich hingegen, wo die konkreten Details im CV aufgeführt werden, ist tendenziell eher der Formelhaftigkeitstyp 2 (Formeln mit Alternativen) dominant.

Diese Verlagerung einiger Subkomponenten in den Lebenslauf ist auch dadurch zu erklären, dass die französischen Anschreiben, obwohl sie mit der Hand geschrieben werden, eine DIN A4 Seite nur selten überschreiten. Dies muss im Verhältnis zu getippten Anschreiben automatisch zu einer inhaltlichen

Der Bewerbungsbrief - nur eine Formel?

Reduktion führen, denn die Computertypographie erlaubt eine wesentlich größere Dichte der Informationen.

Unter der Prämisse, dass ein „Weglassen" spezifischer Details und deren Abhandlung im CV gesellschaftlich toleriert ist, während das Weglassen von zur Textkonstitution notwendigen Formeln (häufig Typ 1 und 2) negativ sanktioniert würde, lässt sich erklären, dass ein französisches Anschreiben stärker als ein deutsches aus einer Aneinanderreihung und Kombination verschiedener Formeln besteht (Baukastenprinzip), während ein deutscher Brief zusätzlich zu den Formeln noch individuellere Komponenten enthält, die Typ 4 notwendig machen.

Die größere Bedeutung situationsspezifischer Angaben hängt aber nicht nur mit der Länge zusammen: Es gehört zu den allgemeinen (nicht nur bewerbungsbriefspezifischen) Konventionen, dass der Bewerber den Namen des Personalverantwortlichen in Erfahrung bringt und sowohl in die Adresse, wie auch in die Formel „Sehr geehrte(r) Herr/Frau _____" einsetzt, um den Brief zu personalisieren. In Frankreich dagegen taucht der Name nur in der Adresse auf: „à l'attention de____". Später in der Anrede steht entweder die Berufsbezeichnung, z.B. „Monsieur le Directeur/Chef (du Personnel)" oder schlicht „Monsieur"/„Madame". Der Baustein „Anrede" hat also in Frankreich den Formelhaftigkeitsgrad 1, in Deutschland den Formelhaftigkeitsgrad 3.

Anders als in Deutschland wird in französischen Anschreiben die Anrede in der Grußformel in identischer Form wieder aufgenommen, also selbst wenn der Ansprechpartner bekannt sein sollte, in unpersönlicher Form: „N'oubliez pas d'inclure, Madame, Monsieur au milieu de la formule de politesse. Et ne vous trompez pas sur le sexe de votre destinataire. En revanche, n'indiquez pas, dans cette formule, le nom de la personne à laquelle vous écrivez" (Leiritz 1996: 123; vgl. Huguet 1985: 164).

Die in Kapitel 4.1.4. aufgestellte Hypothese, dass der Formelhaftigkeitsgrad französischer Briefe tendenziell höher ist als derjenige deutscher Briefe, hat sich also bestätigt.

4.2.3. ENTSCHEIDUNGSKETTEN

Wie in Kapitel 4.2.1.2. angedeutet, begibt sich der Schreiber durch die Auswahl eines Bausteins aus den Versprachlichungsmustern in eine Kette von Entscheidungen, bei der die Auswahl einer Komponente eine andere obligatorisch nach sich ziehen *kann* und somit möglicherweise die Fortführung des ganzen Satzes determiniert, aber nicht *muss*.

Diese Beobachtung, die zunächst banal klingt, möchte ich einmal anhand der semantischen Komponenten „Anlagenverweis" und „Bitte um ein Vorstellungsgespräch" verdeutlichen.

Die semantische Komponente „Le renvoi au Curriculum Vitae" zeigt, dass der Bewerber, unabhängig davon, ob er zu Beginn das Muster „trouver", „joindre" oder „adresser" wählt[42], bestimmte Entscheidungen in jedem Fall treffen muss, nämlich 1) ob „ci-joint" eingefügt wird oder nicht[43], 2) ob er den unbestimmten Artikel „un" oder das Possessivpronomen „mon" benutzen möchte und 3) ob er statt der Abkürzung „CV" das Wort „Curriculum Vitae" lieber ausschreibt. Schließlich muss er 4) abwägen, ob er einen Grund dafür angeben möchte, warum er den Lebenslauf beilegt und - falls ja - wie er die Begründung formulieren will, denn: Obwohl der Satz an dieser Stelle grammatikalisch vollständig wäre, fühlen die meisten Bewerber offenbar das Bedürfnis, anzugeben, warum (Kausalität) bzw. wozu (Finalität) der CV beiliegt, z.B. durch „pour votre information" oder „pour de plus amples renseignements" oder durch „afin d'apprécier mes qualifications et compétences". Alternativ wäre auch ein Relativsatz vom Typ „qui vous donnera plus de précisions sur mes cursus universitaires et professionnels", eine Partizipialkonstruktion [„vous exposant mon expérience professionnelle"] oder ein durch „et" nebengeordneter Satz [„et je..."] als Anschluss denkbar.

Mit anderen Worten: Die zu Beginn getroffene Festlegung auf eines der drei Muster hat kaum Auswirkungen auf die zu einem späteren Zeitpunkt zu treffenden Entscheidungen.

Dass dieses jedoch nicht immer so sein muss, illustriert die semantische Komponente „Demande d'un entretien": Hat der Bewerber sich einmal gegen die Muster „se tenir à la disposition de qqn" bzw. „souhaiter" entschieden und mit „dans l'attente" begonnen, so kann er nicht mehr auf eine der beiden anderen Alternativen umschwenken, sondern er kann nur noch innerhalb der Varianten des Musters auswählen. Der Bewerber begibt sich also in eine Entscheidungsspirale, in der sich die Auswahlmöglichkeiten immer stärker verengen und die Fortführung des Satzes immer voraussagbarer wird: Sobald

---

[42] Die Muster „comme vous pouvez..." und die neutrale Perspektive „le CV vous permettra de" bleiben in den folgenden Betrachtungen unberücksichtigt.

Der Bewerbungsbrief - nur eine Formel?

man z.B. „dans l'attente de vous *rencontrer*" liest, erwartet man, dass der Satz entweder sofort mit der Schlussformel fortgeführt wird oder dass die Bitte um ein Vorstellungsgespräch durch einen *Infinitiv* („afin de..."/„pour...") begründet wird und sich die Schlussformel daran anschließt. Liest man jedoch „dans l'attente d'une *entrevue*", so baut sich die Erwartungshaltung auf, dass ein *Relativsatz* folgen wird, bevor die Schlussformel angefügt wird. An den Varianten „je me tiens" und „me tenant" des Musters „se tenir à la disposition de qqn" lässt sich, zeigen, dass manchmal mit den ersten zwei bis drei Worten des Satzes festgelegt wird, ob die Schlussformel direkt angehängt werden muss („Me tenant... je vous prie...") oder ob die Auswahlmöglichkeit zwischen „∅" und dem Anschluss der Grußformel durch die Konjunktion „et" besteht („Je me tiens à... + ∅" oder „Je me tiens à ... et je vous prie...").

Auch innerhalb der syntaktisch korrekten Versprachlichungsalternativen gibt es präferierte und unübliche Varianten. Der Satz „Vous trouverez ci-joint mon Curriculum Vitae..." ist mir aufgefallen, da er wortwörtlich in mehreren authentischen Beispielen auftaucht. Nachdem sich unser Bewerber für das Muster „trouver" entschieden hat, muss er sich als nächstes überlegen, welchen Höflichkeitsgrad er auswählen möchte. Das recht schlichte „Vous trouverez" könnte man als minimale Höflichkeit bezeichnen, das durch den Gebrauch des Konjunktivs „veuillez trouver" bzw. durch die Einbettung in eine Bitte „je vous prie de trouver" elaboriert werden kann. Noch stärker ausgebaut werden kann der Anlagenverweis durch „bien vouloir", so dass „Je vous prie de bien vouloir trouver" als Maximalversion interpretiert werden könnte. Auch beim Muster „adresser" hätten unserem Bewerber verschiedene Höflichkeitsgradienten zur Auswahl gestanden, nämlich einerseits das schlichtere „je vous adresse" [vgl. analog: „je vous envoie", „je vous fais parvenir" etc.] und andererseits das zurückhaltendere „je me permets de vous adresser" [vgl. analog: „je me permets de vous faire parvenir", „je me permets de porter à votre connaissance", „je me permets de vous transmettre" etc. oder „j'ai l'honneur de vous adresser"]. Im Muster „joindre" jedoch sind Alternativen scheinbar unüblich; jedenfalls habe ich in meinem Corpus kein einziges Beispiel für „*Je me permets de joindre" gefunden. Diese restriktive Verwendung legt nahe, dass es für jedes der aufgezählten Muster präferierte Versprachlichungsmöglichkeiten bzw. Kombinationsalternativen gibt. Der

---

[43] Ausnahme: Beim Muster „trouver" wird „ci-joint" immer realisiert, und beim Muster „joindre" besteht statt der Auswahl „∅" oder „ci-joint" die Wahl zwischen „à cette lettre", „à la présente" oder „∅".

Der Bewerbungsbrief - nur eine Formel?

Transfer der Elaborierungsstrategie vom Muster „adresser" - nämlich „je me permets de...."- auf das Muster „joindre" (anlehnend an kreativen Umgang mit Mustern wie X bleibt X^{44}) ist zwar syntaktisch korrekt, gehört aber aus pragmatischem Blickwinkel nicht zum Versprachlichungsrepertoire. Unter den syntaktisch korrekten Alternativen bilden sich demnach präferierte Sequenzen heraus. Nur ein Bruchteil der theoretisch denkbaren Kombinationsmöglichkeiten ist im Corpus belegbar. Bei der Evaluation dieser über das Corpusmaterial hinausgehenden Strukturen, wie z.B. „je porte à votre connaissance mon CV" (die grammatikalisch denkbar sind, aber offensichtlich nicht zu den präferierten Formulierungsalternativen gehören) stößt jede empirische Arbeit an ihre Grenzen; solche Fragen können nur unter Zuhilfenahme der muttersprachlichen Kompetenz entschieden werden[45]. Eine deskriptive Vorgehensweise muss sich auf die Herausarbeitung belegbarer Strukturen beschränken und kann keinen Erklärungsansatz für fiktive Kombinationen der Subkomponenten bieten.

Interessanterweise steht in unserem Beispielsatz („Vous trouverez ci-joint mon Curriculum Vitae") der Adressat an der ersten Stelle (der Satz beginnt also mit dem Unternehmen und nicht mit dem Absender, was in der Ratgeberliteratur wiederholt empfohlen wird,) während die Verben „adresser" und „joindre" obligatorisch das Pronomen „Je" in Subjektposition nach sich ziehen und das neutrale Muster „le CV vous permettra..." automatisch „CV" als Subjekt verlangt.

Der Eindruck von Formenvielfalt der Bausteine in der Entscheidungsspirale wird nur dadurch aufgehoben, dass die gleichen Subkomponenten (z.B. „Ziel/Grund der Anlage") in verschiedenen Mustern auftauchen. Lediglich beim Pattern „Comme vous pouvez..." ist eine Begründung im Muster nicht vorgesehen. Beim Muster „Le CV vous permettra" dagegen ist sie sogar konstitutiv für das Muster: Mon/Le Curriculum Vitae/CV/C.V. vous donnera/permettra „un aperçu de mes compétences", „des précisions sur ma formation et mes activités professionnelles".

Es gibt also prototypische Subkomponenten: im Beispiel „Anlagenverweis" 1) die Idee „CV" [realisiert durch aa) Curriculum Vitae, bb) CV oder cc) C.V.], 2) die Beschreibung der Tätigkeit des Sendens/Beilegens [verbalisiert je nach Perspektive durch „adresser" etc.] und 3) die Begründung des Beilegens

---

[44] Gülich i. Ersch.: 19.
[45] Vgl. Pawley und Syder 1980.

Der Bewerbungsbrief - nur eine Formel?

[Relativsätze etc.]. Die Subbausteine sind immer ähnlich realisiert, so dass also auch hier der Terminus „Formelhaftigkeit" anzuwenden ist. Im deutschen Material ist die häufigste Variante, am Fuße der Seite das Wort „Anlagen" zu setzen und auf eine Ausformulierung im Fließtext zu verzichten. Will der Bewerber den Anlageverweis dennoch ausformulieren, so stehen ihm mehrere Muster zur Verfügung (Fettdruck gibt die am häufigsten gewählte Formulierungsalternative an):

    a) Wie Sie (woraus?) entnehmen können... (+ „Erfahrung", „Kenntnisse")
    b) **(was?) entnehmen Sie bitte (wem?/woraus?)**

    partizipial
    c) **beiliegend**/anliegend/beigefügt (bekommen/schicken) (Unterlagen)
    d) **beigefügte**/beiliegende (Unterlagen)

was?	z.B. weitere Informationen zu meinem Werdegang
wem?/woraus?	z.B. meinen Unterlagen/aus meinen Unterlagen/**den beiliegenden**/**beigefügten Unterlagen**
bekommen	z.B. erhalten Sie
schicken	z.B. sende ich Ihnen.../überreiche ich Ihnen
Unterlagen	z.B. meine Bewerbungsunterlagen

Stellt man diesem Muster nochmals vergleichend die französische Version gegenüber, so ergeben sich große Unterschiede bei den Subkomponenten:

a) Perspektive „je"
1. **je vous (schicken) [ci-joint] (was?) [+ warum?]**
2. je joins [à la présente] (was?)
3. je vous prie de trouver [ci-joint] (was?)

b) Perspektive „vous"
1. **vous (finden) ci-joint (was?) (warum?)**
2. veuillez trouver ci-joint (was?) (warum?)
3. Comme vous pouvez/pourrez le constater dans/sur mon/le CV...

c) Perspektive „CV"
1. (was?) vous donnera
2. (was?) vous permettra de

schicken	z.B. **adresse**/envoie/fais parvenir (seltener: transmets)
was?	z.B. un/le/**mon**/C.V./**Curriculum Vitae**
warum?	z.B. pour votre information/pour de plus amples informations/**qui vous permettra d'**...
finden	z.B. trouvez/**trouverez**

Statt der Subkomponente „CV" wird in Deutschland das allgemeinere „Unterlagen"/ „Bewerbungsunterlagen" benutzt. Ferner wird in der deutschen Formel der Leser aufgefordert, die Informationen *selbst* den Unterlagen zu

Der Bewerbungsbrief - nur eine Formel?

entnehmen. Die in Frankreich übliche Idee des Sendens [Muster a)] taucht in Deutschland nur als unbedeutendere Variante im Muster c) auf. Die Subkomponenten müssen aber nicht zwangsläufig so wie im Falle des Anlagenverweises kulturell unterschiedlich sein, was die Komponente „Bitte um ein Vorstellungsgespräch" belegt. Sowohl in Deutschland wie auch in Frankreich sind die Subbausteine „sich freuen", „Gespräch" und „Begründung" üblich.

Deutschland
a) sich freuen über
1. ich freue mich/**ich würde mich** [sehr[**freuen, (wo?)** (etw. zu tun => Grund des Wunsches)
2. ich freue mich/ich würde mich [sehr] freuen, Gelegenheit (wozu?) zu erhalten
3. **(worüber?) würde ich mich** [daher] [sehr] **freuen**

b) Bedingung
ich freue mich/**ich würde mich [sehr] freuen, wenn (Bedingung)**
Bedingung
    Perspektive „Sie":
    z.B.   **Sie mir** die Möglichkeit/**Gelegenheit (wozu?)** geben/gäben/geben würden
    z.B.   Sie mir die Möglichkeit/Gelegenheit geben/gäben/geben würden, (etw. zu tun)
    Perspektive „Wir"
    z.B.   wir uns zu einem Gespräch treffen könnten
    Perspektive „ich"
    z.B.   ich Ihr Interesse geweckt habe
    Perspektive „Bewerbung"
    z.B.   die beigefügten/beiliegenden Unterlagen Ihr Interesse finden

c) sich freuen auf
ich freue mich (worauf?)

d) zur Verfügung stehen
(wofür?) stehe ich (Ihnen) [(wann?)] zur Verfügung

wo?	z.B. **in einem persönlichen Gespräch**/in einem Vorstellungsgespräch etw. zu tun
	z.B. meine Fähigkeiten zeigen zu können/weitere Einzelheiten erläutern zu können/Fragen beantworten zu können/mich vorzustellen
worüber?	z.B. über die Gelegenheit zu einem (persönlichen) Gespräch/ Vorstellungsgespräch/über ein persönliches Gespräch/ein Vorstellungsgespräch
wozu?	z.B. zu einem (persönlichen Gespräch)/zu einem Vorstellungsgespräch
worauf?	z.B. auf ein persönliches Gespräch/auf ein Vorstellungsgespräch
wofür?	z.B. Für weitere Informationen/Für ein persönliches Gespräch (wie?)
wann?	z.B. jederzeit
wie?	z.B. gerne

Der Bewerbungsbrief - nur eine Formel?

Frankreich

a) **Wunsch**
(diverses) **je souhaite vous rencontrer** (weshalb?) [(wann?)]

b) **Verfügbarkeit für Vorstellungsgespräch**
je me tiens/je reste à votre [entière] **disposition** (wofür?)

c) **Erwartung**
Dans l'attente de (wovon?) [+ Grußformel]

wovon?	z.B. vous rencontrer/d'un entretien/d'une entrevue (weshalb?)
weshalb?	z.B. **afin de vous donner de plus amples informations**
	z.B. pour vous parler de..
wann?	z.B. rapidement
wofür?	z.B. **pour tout renseignement complémentaire/pour un** (éventuel) **entretien**

Die anhand der Komponenten „Anlagenverweis" und „Bitte um ein Vorstellungsgespräch" vorgestellten Detailbeschreibungen und Diagramme ließen sich für jede der semantischen Komponenten erstellen. Ich beschränke mich hier jedoch auf die vorgeführte exemplarische Darstellung und verweise für alle anderen Komponenten auf den Anhang.

4.3. WAS KNIGGE MIT BEWERBUNGSBRIEFEN ZU TUN HAT...

Zu den Gestaltungskonventionen von Anschreiben gehört auch die „Regel", sich seinem potenziellen Arbeitgeber gegenüber möglichst höflich zu verhalten. Diese Höflichkeitsmaximen werde ich im folgenden Kapitel vorstellen.

> Sprachliche Etikette ist die formale Organisation sozialer Situationen auf der sprachlichen Ebene.
> (Coulmas 1985: 56).

„Höflichkeit ist eine Zier" - darüber besteht Konsens in der Gesellschaft, und sowohl in Deutschland (vgl. z.B. Born 1982, [3]1991:114) wie auch in Frankreich wird gewarnt: „Veillez à la déférence, à **l'étiquette** [meine Hervorhebung]" (Poncer 1983: 64) oder „Contentez-vous de présenter une lettre propre, respectant les règles de **bienséance classique** [meine Hervorhebung]" (de la Blanchardière/Bonnin-Kerjean 1994: 152). Was darunter genauer zu verstehen

Der Bewerbungsbrief - nur eine Formel?

ist, bleibt in der Bewerberliteratur unklar. Coulmas weist darauf hin, dass Höflichkeit nur innerhalb eines gegebenen Systems definiert werden könne (Coulmas 1985: 58). Die Länge und Indirektheit einer Äußerung korreliere mit Höflichkeit, d.h. sie ist ein Indiz sprachlicher Etikette (vgl. Coulmas 1985: 56). Tatsächlich sind die meisten Bewerber bemüht, Minimalversionen zu meiden. Diesen Mechanismus des Zwangs zur textuellen Expansion hat Antos ausführlich am Beispiel von Grußworten aufgezeigt (Antos 1986: 56, 1986a: 178; 1987: 20). Seine Forschungsergebnisse stehen allerdings in starkem Kontrast zu den stilistischen Ratschlägen der Literatur. Da sich ein Personalchef durchschnittlich nur wenige Sekunden mit einer Bewerbungsmappe beschäftigen könne, bevor sie entweder in die engere Wahl komme oder auf dem Absagestapel lande (vgl. Lorenz 1995: 50), wird immer wieder betont: „Limitez-vous si possible à une page" (Le Bras 1994: 23), „Das Schreiben sollte aus kurzen, präzisen Sätzen bestehen, nicht überheblich oder forsch bzw. arrogant sein" (Lorenz 1995: 53, vgl. Radke 1994: 108) - flapsig ausgedrückt: KISS (**K**eep **I**t **S**imple and **S**traight forward) (Burhorn 1994: 139). Fleury „verbietet" sogar Sätze mit mehr als 40 Worten (Fleury 1995: 49), warnt aber in gleichem Atemzug auch davor, ins andere Extrem des Telegrammstils zu verfallen. Ein Bewerber, der nun nicht auf die erwarteten Formeln verzichten möchte, zugleich aber die Mahnung zur Kürze ernst nimmt, läuft Gefahr, nichtssagende und inhaltslose Bewerbungen wie die folgenden zu produzieren: „Monsieur, J'ai l'honneur de vous adresser par la présente mon CV. Dans l'attente de vous rencontrer..." (Duhamel/Lachenaud 1995a: 15) oder „Sehr geehrte Damen und Herren, auf Ihre Anzeige in den ... Nachrichten vom ... bewerbe ich mich. Alle Bewerbungsunterlagen, aus denen Sie meine Qualifikation für die angebotene Stelle entnehmen können, liegen bei. Ich würde mich sehr freuen, wenn Sie mich zu einem Vorstellungsgespräch einladen würden" [Born 1994: 18]. Obwohl der Kandidat mit diesen wenigen Sätzen keine Informationen zu seiner Person und seinem beruflichen Werdegang gibt, wird das Schreiben von Born positiv evaluiert: „Ein einfaches Bewerbungsschreiben (als Begleitschreiben) kann deshalb sehr kurz ausfallen" (Born 1994: 18). Der prototypische Bewerbungsbrief ist allerdings länger.

Es muss angemerkt werden, dass die Gesamtlänge eines Anschreibens nichts über die Länge *einer* semantischen Komponente aussagt. Die eben zitierten Beispiele sind nicht kurz, weil jeweils die Minimalversion einer semantischen Komponente gewählt wurde, sondern weil nur wenige semantische Kompo-

Der Bewerbungsbrief - nur eine Formel?

nenten realisiert werden. Diese jedoch werden teilweise elaboriert durch „j'ai l'honneur de...", „würde" oder „sehr".
Da der Weg der textuellen Expansion bei Anschreiben nur mit Einschränkungen funktioniert, entwickeln Bewerber drei weitere Strategien, um ihr Anschreiben höflicher zu gestalten:
a) der Gebrauch des Konditionals (Kapitel 4.3.1.),
b) Verstärkungsadverbien (Kaptitel 4.3.2.) und
c) „flatterie"/Lob des Firmenimages (Kapitel 4.3.3.).

4.3.1. GEBRAUCH DES KONDITIONALS

Der Gebrauch des Konditionals lässt sich sehr schön an der Textkomponente „Bitte um ein Vorstellungsgespräch" zeigen. Obwohl in manchen Briefstellern geraten wird, selbstbewusst den Indikativ zu benutzen, schrecken die Bewerber vor forschen, in der Ratgeberliteratur vorgeschlagenen Wendungen wie „Wann darf ich Sie zu einer persönlichen Vorstellung aufsuchen?" oder „und freue mich über Ihre Einladung" zurück und verwenden stattdessen die zurückhaltendere Konditionalform: „Über ... würde ich mich sehr freuen", oder „Ich würde mich sehr freuen, ...". Manche Bewerber kleiden ihr Anliegen sogar respektvoll in eine Bitte: „Bitte geben Sie mir die Gelegenheit zu einem persönlichen Gespräch". Falls sich die Bewerber doch für den Indikativ entscheiden, versuchen sie oft, ihr Vorweggreifen durch die Konjunktionen „falls" oder „wenn" abzuschwächen, oder sie schicken eine (allerdings rhetorische) Frage voraus: „Habe ich ihr Interesse geweckt?" - und dies, obwohl die Autoren der Literatur von zuviel Unterwürfigkeit explizit abraten (vgl. Staufenbiel 1995: 85; Neubarth 1985: 71) und zu einem gerüttelt Maß an Selbstvertrauen ermutigen. In Job Fit (Dieckmann 1994: 27 ff.) heißt es „Ich bin überzeugt, dass..." oder „Ich werde..." klängen in jedem Fall überzeugender als ein zögerliches „sich-selbst-in-Frage-stellen"; ein aktiver Kandidat zeichne sich nicht durch Konjunktive/Konditionale aus. Schaut man sich das Corpus jedoch gezielt im Hinblick hierauf an, so stellt sich heraus, dass die eine Einladung vorwegnehmende Formel „Ich freue mich" viel seltener ist als „ich würde...". In Frankreich verhalten sich die Bewerber noch vorsichtiger: Die kesse Frage „Pouvons-nous nous rencontrer?" oder die Imperativkonstruktion „Rencontrons-nous" sind deutlich markiert und weit entfernt vom Zentrum des Prototyps. Meiner Ansicht nach verletzt der für Geschäftskorrespondenz unübliche Tonfall die Erwartungshaltung des Lesers so stark, dass die dort benutzte Formulierung nicht mehr textsortenadäquat ist. Interessanterweise hat sich derselbe Bewerber auch bei der Anrede schon im Ton vergriffen und die zu persönliche Form „Cher Monsieur" gewählt.

4.3.2. VERSTÄRKUNGSADVERBIEN

Das Bestreben, Aussagen durch verstärkende Adjektive und Adverbien zu untermauern, wird bei der Einleitung am deutlichsten sichtbar: Offensichtlich baut sich beim Leser eine so große Erwartungshaltung auf, die Formel „mit **großem** Interesse habe ich Ihre Anzeige in der _____ vom ____"zu lesen, dass „Mit Interesse habe ich..." als Abweichung von der Norm interpretiert wird. Eine ähnliche Tendenz ist in Frankreich für die Komponente „Motivationsbekundung" festzustellen: Die scheinbar zu „nackte" und zu wenig enthusiastische Formulierung „Motivé à transposer mon savoir-faire..." wird kurzerhand ersetzt durch „**passionné** par...", **vivement** motivé par...", „**réellement** motivé par... ", „**particulièrement** motivé par", „**fortement** motivé" oder „**très** motivé" (vgl. analog: „je suis **particulièrement** motivé par...", „je suis **très** motivé/attiré/passionné par...", „____ m'intéresse/m'attire **beaucoup/ vivement/fortement/tout particulièrement**".

4.3.3. „FLATTERIE"/LOB DES FIRMENIMAGES

Schließlich gibt es noch einen weiteren Weg, Wohlwollen zu erzeugen, nämlich den der „flatterie":
- La solide réputation de votre société dans le domaine de (...) (Monnet 1994: 58)
- La croissance régulière de votre société à l'export a soulevé mon intérêt (...) (ibid.)
- Unilog, un des leaders sur le marché de (...) (ibid.)
- La renommée de votre entreprise n'est plus à faire et la progression de 40% de votre CA en 1992 est la preuve incontestable de votre compétitivité (de la Blanchardière/Bonnin-Kerjean 1994: 154).

Was positiv formuliert als Kenntnis der Unternehmensstruktur ausgelegt werden kann (de la Blanchardière/Bonnin-Kerjean 1994: 153), wird negativ leicht als Anbiedern interpretiert. Tatsächlich ist diese Kommunikationsstrategie, die im deutschen Material übrigens nur eine untergeordnete Rolle spielt, sehr umstritten, und Fleury widerspricht Nuqs Aufforderung, in der

Der Bewerbungsbrief - nur eine Formel?

Einleitung auf das „renommée" des Unternehmens anzuspielen (Nuq 1991: 73), heftig, indem sie empfiehlt: „Bannissez l'emphase et la flatterie. Soyez sobre" (Fleury 1995: 42). Trotzdem versuchen im authentischen Material viele Bewerber, den Verantwortlichen dadurch günstig zu stimmen, dass sie das Firmenimage positiv hervorheben.
Häufig werden Anspielungen auf das Renommee des Unternehmens (flatterie) mit der Verbalisierung des Eingliederungswunsches verknüpft, z.B. „je désire vivement intégrer l'équipe de travail d'un établissement dynamique et d'avenir comme le vôtre". In Deutschland ist jegliche Art der „flatterie" stark verpönt, und eine Anspielung auf das Renommee des Unternehmens wird, wenn überhaupt, eher mit dem Einleitungssatz verknüpft, als im Mittelteil gebracht. Hervorgehoben wird insbesondere die Zukunftsorientierung, die internationale Orientierung und der innovative Anspruch des Unternehmens. Falls sich der deutsche Bewerber im Text auf das Unternehmen beziehen will, so bemüht er sich, auf die unpersönlichen Entsprechungen zu „au sein de votre société"; „au sein d'une société aussi reconnue que la vôtre" (= Formelhaftigkeitstyp 2) zu verzichten und das Anschreiben durch die Wiederaufnahme des Firmennamens zu personalisieren (= Formelhaftigkeitstyp 3). Es fällt auf, dass Deutsche ihre Bewerbung statt mit dem Ansehen der Firma häufig mit der Suche nach einer neuen Herausforderung oder einer reizvollen Aufgabe begründen, während Franzosen eher Anpassungsbereitschaft zum Ausdruck bringen: „Je souhaite m'intégrer...". Dies könnte aber auch mit dem Status der Stelle zu tun haben (Führungsposition vs. eher untergeordnete Stelle).

5. DIE FUNKTIONEN VON FORMELHAFTIGKEIT

Am Beispiel der Grußformeln haben wir bereits gesehen, dass Abweichung von der erwarteten Formel als Unhöflichkeit interpretiert wird (vgl. Kapitel 4.2.1.1.). Ich möchte noch einmal auf dieses Beispiel zurückkommen, um zu zeigen, dass Formelgebrauch nicht nur negativ gesehen werden darf, da Formeln auch soziale (5.1.) und entlastende (5.2.) Funktionen haben können.

5.1. DIE SCHIBOLETHFUNKTION

... „c'est vraiment du bla-bla" (Bsp. 3, I. 168 ff. zitiert nach Gülich/Krafft i. Ersch.: 8) - mit diesem Metakommentar wird die in Briefen übliche „Schluss**floskel**" explizit als solche gekennzeichnet. Diese Einschätzung zeigt deutlich, dass der Schluss-Satz in französischen Briefen nicht bedeutungstragend, sondern semantisch leer ist und dass seine primäre Funktion die der Textstrukturierung ist. Die Schlussformel dient also als Gliederungssignal, das das Briefende explizit ankündigt. Bon stellt fest: „Passe-partout, elle doit être remarquée sans être nécessairement lue; c'est-à-dire que le 'recruteur' va s'assurer seulement de votre correction, de votre **politesse** [meine Hervorhebung]" (Bon 1996: 84). Im folgenden habe ich die in paradigmatischer Relation stehenden Formulierungsalternativen aufgelistet, bei denen jeweils die statistisch häufigste Variante fett hervorgehoben ist:

- **je vous prie d'**/de... / veuillez/ Recevez (+ ∅)
- **agréer**/croire à /∅
- **Monsieur**/Madame/Monsieur le Directeur, etc.
- **l'expression de**/l'assurance de/∅
- mes sentiments / **mes salutations** / ma considération / mon dévouement / mes hommages
- **distingué(es)** respectueux/ses / sincère(s) / très haute (+ considération)

Als theoretisch häufigste - praktisch aber in keinem authentischen *Sample* realisierte - Grußformel ergäbe sich also: „Je vous prie d'agréer, Monsieur, l'expression de mes salutations distinguées".

Die Funktionen von Formelhaftigkeit

Eine detaillierte Auflistung aller realisierten Varianten der Grußformeln erübrigt sich, denn schon an dieser Stelle wird deutlich, dass die Variations- und Kombinationsmöglichkeiten in Frankreich wesentlich größer sind als in Deutschland, wo man anstelle des „Mit freundlichen Grüßen" nur selten Abwandlungen wie „Mit freundlichem Gruß" oder die besonders markierten Formen „Hochachtungsvoll" oder „Herzlich grüßt Sie" findet.
Der Willkürlichkeit der Kombinationen sind bestimmte syntaktische und pragmatische Grenzen gesetzt (vgl. auch Bemerkungen zum Anlagenverweis im Kapitel 4.2.3.):

- **syntaktische Grenzen**: „On croit en quelqu'un ou à quelque chose" (de Sainte Lorette/Marzé 1995: 79)
- **pragmatische Grenzen**: „N'oubliez pas qu'une femme n'adresse jamais des 'sentiments distingués' à un homme, mais plutôt des 'salutations distinguées' (Le Bras 1994: 28; vgl. PONS 1996: 781; Monnet 1994. 61; Leiritz 1996: 123, Bon 1996: 84).

Sowohl die Bewerber wie auch die Autoren haben die Formelhaftigkeit des Briefschlusses also erkannt (vgl. Gabay 1991: 338; Rebondir 1996: 123), und Monnet beteuert, dass Originalität hier fehl am Platz sei: „Il ne convient de ne pas s'en écarter en misant sur l'originalité" (Monnet 1994: 61[46]) (vgl. auch Kapitel 4.2.1.1.).
Manche Teile sind per Definition schon so normativ kodifiziert, dass ein Ausbrechen aus dem bestehenden Formelset nicht möglich ist (vgl. Stein 1995: 328). Auch die Verbindlichkeit der grammatikalischen und orthographischen Normen ist so hoch, dass Abweichungen, auch wenn sie bewusst vorgenommen sein sollten, nicht toleriert werden. Nur in bestimmten Fällen und wenn von einer Kenntnis der Norm beim Sender und beim Empfänger als geteiltem Wissen ausgegangen werden kann, ist „Kreativität innerhalb der Formel" denkbar (und teilweise auch erwünscht). Fast alle Bewerber in meinem Corpus aber fühlen sich dem sprachlichen Ritual derart verpflichtet[47], dass sie sich, wie bei anderen Übergangsriten, an formale Regeln anpassen,

---

[46] Vgl. Duhamel/Lachenaud 1995a: 123: „Soyez classique et ne gaspillez pas inutilement votre puissance d'imagination sur cette question: c'est une **pure formalité** [meine Hervorhebung] et ce n'est pas ainsi que vous ferez la différence".
[47] „In seinem Sprachverhalten ist der Sprachbenutzer eher konservativ als progressiv" (Wilss 1989: 182).

um so die Gefahr sozialen Fehlverhaltens zu verringern (vgl. Coulmas 1985: 59):

> Ein Ritual ist eine mechanische, konventionalisierte Handlung, durch die ein Individuum seinen Respekt und seine Ehrerbietung für ein Objekt von höchstem Wert gegenüber diesem Objekt oder seinem Stellvertreter bezeugt (Goffman 1974: 97).

Anders ausgedrückt: Sprachliche Entindividualisierungstendenzen stehen in einem reziproken Verhältnis zur Verhaltenssicherheit.
Ein Bewerber versucht seinem potentiellen Arbeitgeber gegenüber, Rollenerwartungen zu bedienen und benutzt aus diesem Grunde die als zeitgemäß geltenden verbalen Routinen als bewährte Lösung für kommunikative Probleme. Die Angst, sich bei der Formulierung zu vergreifen, führt zur Etablierung konversationeller Routinen bzw. zu dem, was Lüger „Antizipierbarkeit bestimmter überindividueller Muster" oder „normenkontrollierte Musterhaftigkeit" (Lüger 1980: 21) und Sandig „sozial genormte komplexe Handlungsschemata" nennt (Sandig 1972: 113). Je höher die negativen Sanktionen beim Verzicht auf die Routineformel, desto höher ist der Konformitätsdruck, mit anderen Worten: Je gravierender die sozialen Konsequenzen eines Normverstoßes, desto eher gibt ein Schreiber der etablierten modernen Formulierung den Vorzug vor einer „verstaubten", aber auch vor einer neuen, „die im kollektiven Speicher sprachlichen Wissens nicht enthalten ist" (Stein: 1995: 15).
Coulmas beschreibt in seinem Aufsatz „Diskursive Routine im Fremdsprachenerwerb" neben dieser Schibolethfunktion noch eine zweite Funktion von Formelhaftigkeit, nämlich die „in psycholinguistischen Begriffen darzustellende *Entlastungsfunktion*" (Coulmas '85: 64), auf die ich im nächsten Abschnitt eingehe.

5.2. DIE ENTLASTUNGSFUNKTION

Entlastende Funktion besitzen Formeln insofern, als dass sie als Ganzes abgerufen werden können und nicht ständig neu konstruiert werden müssen. Wie die Ergebnisse der Lernpsychologie[48] zeigen, führen ständig wieder-

---

[48] „Lerntheoretisch gesprochen ist die Reproduktion die einfachste Art einer Aktualisierung und meint ein einfaches Wiederfinden eines auf einem Lernresultat basierenden Verhaltens. Es gibt Reproduktionen mit kognitiver Zwischenschaltung: erfolgt eine Reproduktion über

Die Funktionen von Formelhaftigkeit

kehrende Aufgaben zu Automatisierung, und diese wiederum führt zu einer Schonung kognitiver Ressourcen[49] (Stein 1995: 249), was Levelt mit der kommunikativen Erfahrung[50] der Sprecher begründet[51]. Routine bzw. Vertrautheit mit einem bestimmten Textmuster manifestiere sich konkret in einem geringeren Planungsaufwand im Produktionsprozess, der sich in gesprochener Sprache anhand einer höheren Sprechgeschwindigkeit, geringerer Planungspausen, der Prosodie oder anhand metadiskursiver Kommentare zeigen lasse (vgl. Gülich/ Krafft i. Ersch.: 6; Gülich i. Ersch.: 44; Stein 1995: 249).

Die Ergebnisse der Formulierungstheorie beziehen sich allerdings zu einem großen Teil auf mündliche Kommunikation. Für die Produktion von Bewerbungen (und anderer schriftlicher Texte) ist diese „Entlastungsstrategie" weniger relevant, da die Produktionsbedingungen mündlicher und schriftlicher Kommunikation signifikant verschieden sind (vgl. Stein 1995: 275). Entscheidend ist lediglich, *ob* man über das notwendige Formelrepertoire verfügt: Wer die geforderte Formel nicht beherrscht (z.B. bei weniger frequenten Kommunikationsanlässen), der hat durch die Freisetzung zusätzlicher Planungskapazitäten keinen kognitiven Vorteil (Stein 1995: 275). Im Falle der Bewerbungsunterlagen ist die Situation für den Bewerber besonders heikel, da er als Produzent in der Regel nur selten mit der Textsorte konfrontiert ist, dem Rezipienten das Textmuster jedoch vollkommen vertraut ist und jeder Irrtum also sofort registriert wird. Man könnte daher von asymmetrischer Textsortenkompetenz sprechen. Die Ratgeberliteratur (Kap. 6.) hat das Ziel, diese Wissensrückstände auszugleichen:

> Handbücher wie die hier genannten dokumentieren ein Wissen, das zwischen dem Alltagswissen der Mitglieder einer Kommunikationsgemeinschaft und dem Fachwissen von Spezialisten vermittelt (Gülich i. Ersch.: 35)[52].

Besinnung, so entspricht sie dem, was gemeinhin als Gedächtnisleistung bezeichnet wird. Reproduktionen ohne kognitive Zwischenschaltung sind Automatismen" (Burger/Burhofer/ Sialm 1982: 175).
[49] Vgl. Ashcraft 1989: 128.
[50] Zur Bedeutung erfahrungsabhängigen Wissens siehe auch Stein 1995: 296.
[51] „An adult's experience with speaking is so extensive that whole messages will be available in long-term memory and thus will be retrievable" (Levelt 1989: 21).
[52] Diesen altersunabhängigen Prozess der Aneignung sprachlichen Wissens, der darauf schließen lässt, dass auch für Erwachsene der Spracherwerbsprozess nicht vollständig abgeschlossen ist, bezeichnet Antos als das „Theorem des 'postpubertären Spracherwerbs'" (Antos 1991: 53).

Die Funktionen von Formelhaftigkeit

Die Autoren versuchen, ihr Expertenwissen weiterzugeben, Verhaltenssicherheit aufzubauen und die Ratsuchenden für Formelhaftigkeit zu sensibilisieren, um ihnen so einen Absagebrief zu ersparen. Stein bezeichnet Nachschlagewerke dieser Art, in denen sich „(fast) zu jedem Schreibanlass ein direkt zu verwendendes oder ein nur marginal zu veränderndes Textangebot, das gleichsam als Sediment kommunikativer Erfahrung der Sprachgemeinschaft" gelten könne, finden lasse, als „externe Wissensspeicher" (Stein 1995: 290 ff.).

6. UNTERSUCHUNGEN ZUR RATGEBERLITERATUR

6.1. DER AUFBAU VON RATGEBERN (mit einem Exkurs zu Formelhaftigkeit auf „Buchebene")

Bisher ging es fast ausschließlich um die Analyse des fertigen Endproduktes „Anschreiben". In diesem Kapitel möchte ich nun den Schwerpunkt auf den Textproduktionsprozess verlagern. Bevor ich die Rolle der Ratgeberliteratur für die Textgenese herausarbeite, soll zunächst kurz der Aufbau der Ratgeber vorstellt werden.
Nimmt man die auf dem Markt erhältlichen Ratgeber zur Hand, fällt sofort ins Auge, dass die Inhaltsverzeichnisse sehr ähnlich aufgebaut sind: Fast immer gehen die Autoren von der „Selbstinventur" des Bewerbers aus (Klärung der eigenen Stärken und Schwächen), handeln dann Lebenslauf, Anschreiben, Einstellungstests und Vorstellungsgespräch ab. Seltener werden qualifizierte Arbeitszeugnisse dekodiert. Der Hauptteil wird von einleitenden Worten des Autors und guten Wünschen für die Stellensuche geklammert. Danach folgen manchmal noch Literaturhinweise. Die einzelnen „Makro-Komponenten" weisen ebenfalls eine feste Struktur auf, die ich exemplarisch anhand des Kapitels über Anschreiben aufzeigen möchte. Meist werden zunächst die einzelnen Bausteine des Anschreibens aufgezählt und kurz erklärt. Danach folgen allgemeine Hinweise zu Form und Verpackung der Unterlagen und schließlich Negativbeispiele für die Formulierung. Nach den Korrekturvorschlägen werden allgemeine Stilregeln gegeben und schließlich - im Anschluss an die Warnung vor dem Abschreiben - einige Musterbeispiele angeführt. Boshaft formuliert: Kennt man einen Ratgeber, kennt man alle. Gülichs Charakteristika formelhafter Texte sind also auch auf „Buchniveau" anwendbar. Vielleicht ist meine These riskant, aber ich vermute einen ähnlich formelhaften Aufbau u.a. auch bei Kochbüchern, Computerhandbüchern, Telefonbüchern, Märchenbüchern, Gesangbüchern, Opernführern, Lexika, Botanikbüchern, Kalendern, Atlanten oder Reiseführern. Die oben anhand von Bewerbungsratgebern aufgezeigte Formelhaftigkeit auf „Buchniveau" lässt sich an deutschen Telefonbüchern exemplarisch verdeutlichen:

Untersuchungen zur Ratgeberliteratur

- konstante Makrokomponenten und relativ stabile Reihenfolge:
  - Notfallnummern
  - Deutsche Telekom für Sie (= Bemerkungen in eigener Sache)
  - Sonderdienste/Ansagedienste
  - Die Telefonverbindung (Beschreibung der Tätigkeit „Telefonieren")
  - Die Telefonbuchbereiche
  - Der Telefonbucheintrag
  - Tarife
  - Geschäftsbedingungen
  - Das Telegramm
  - Postleitzahlenverzeichnis für den Geltungsbereich
  - Ortsverzeichnis zum Kundenverzeichnis
  - Kundenverzeichnis

- formelhafte Realisierung der Komponenten (z.B. der Komponente Kundenverzeichnis)
  - Subkomponenten: Nachname, Vorname, Straßenname, Hausnummer, (evtl. „ISDN"/Ortsnetzbereichsabkürzung), Telefonnummer

- *eine* Hauptfunktion/Situationsgebundenheit: Kontext „Telefonieren"

Da die detaillierte Diskussion weiterer „Buchsorten" den Rahmen dieser Arbeit sprengen würde, beende ich an dieser Stelle meinen Exkurs und wende mich der Rolle der Ratgeberliteratur zu.

6.2. DAS DILEMMA DER RATGEBERLITERATUR

Ratgeber verstehen sich primär als Textproduktionsanleitung und sehen ihre Aufgabe einerseits darin, Formulierungen (positiv oder negativ) zu bewerten und andererseits darin, die Regeln zum Aufbau anhand von Modellbriefen zu veranschaulichen. Sie sind bestrebt, den Ratsuchenden zu helfen, dürfen gleichzeitig aber auch die Erwartungen der Personalchefs nicht außer Acht lassen.

Da die Personalverantwortlichen paradoxerweise gleichzeitig kreative - oder zumindest individuelle, auf das Unternehmen abgestimmte - und doch „prinzipiell formelhafte", der Norm entsprechende Anschreiben erwarten, ist auch die Einstellung der Ratgeber bezüglich Formelhaftigkeit ambivalent.

Auf der einen Seite wird vom Formelgebrauch abgeraten, da bei zu sehr an Formeln orientierten Briefen beim Leser das unerwünschte Gefühl der Langeweile entstehen könnte: „Il ne suffit donc pas d'envoyer une lettre correctement rédigée, standardisée, elle produit le même effet qu'une lettre incorrecte" (Bastien 1995: 20; vgl. Kapitel 3.). Auf der anderen Seite jedoch wird Formelhaftigkeit auch positiv bewertet (vgl. Äußerungen in bezug auf Grußformel in Kapitel 4.2.1.1. und 5.1.), da zu ausgefallene, kreative Versionen beim Personalchef Angst auslösen könnten: „Wenn der Kandidat schon im Bewerbungsverfahren so aus der Reihe tanzt, wie wird er sich dann erst nach der Einstellung verhalten?"

Den ständigen Balanceakt zwischen Formelhaftigkeit und Kreativität versuchen die Autoren also dadurch zu lösen, dass sie sowohl formelhafte wie auch originelle Formulierungen anbieten, im gleichen Atemzug eine Aneinanderreihung von Formeln aber als ebenso schlecht bewerten wie auch grenzenlose, in Kitsch abgleitende Kreativität[53]. Dies ist jedoch noch nicht das einzige Dilemma, in dem sie sich befinden.

Offensichtlich fühlen sich die meisten Ratgeber verpflichtet, dem Wunsch der Bewerber zu entsprechen und ihnen Modellversionen an die Hand zu geben. Die Autoren wissen aber, dass *die* perfekte Bewerbung nicht existiert und warnen deshalb energisch vor dem Abschreiben: „Betrachten Sie diese Vorlagen aber bitte nur als Orientierungshilfe. Sie sollten auf keinen Fall einfach abschreiben" (Reichel 1993: 7) - diese Warnung ist in fast jedem Ratgeber so oder ähnlich abgedruckt. Mit etwas Zynismus könnte man behaupten, die Briefsteller seien mindestens ebenso formelhaft wie die authentischen Anschreiben - obwohl die Ratgeberautoren sich eigentlich der Kreativität verschrieben haben und gegen jeglichen Gebrauch formelhafter Wendungen vehement wettern. Harmsen erkennt den stereotypen Aufbau der Bewerbungshandbücher und rät den Bewerbern paradoxerweise davon ab, sich daran zu orientieren: „Es gibt eine Reihe von Bewerbungsratgebern, die den Aufbau einer Bewerbungsmappe nach einem ganz bestimmten Schema empfehlen. Dies kann dazu verführen, 'an der Sache vorbeizuarbeiten'" (Harmsen 1987: 48).

Auf die Zitate aller „Abschreibwarnungen", die meine These zur Formelhaftigkeit von Bewerbungshandbüchern stützen würden, verzichte ich und greife bewusst zwei ausgefallenere Beispiele heraus:

---

[53] Der scheinbar goldene Mittelweg der „Kreativität innerhalb der Formel", die durch Individualisierung erreicht wird (i.e. ausdrucksseitige Formelhaftigkeit/Wahrung der sprachlichen Konventionen bei inhaltlicher Ausgefallenheit durch PACING etc.) wird jedoch nur selten demonstriert. Dies ist erklärbar, denn die situationsspezifisch zu ergänzenden Informationen sind nicht vorhersehbar bzw. generalisierbar und gehören auch nicht in einen allgemeinen Ratgeber, da die Ratsuchenden nur wenig Individuelles auf ihre konkrete persönliche Lage übertragen könnten.

- Hier schreibt Bewerber 4712 den im PC abgespeicherten Standardbewerbungsbrief an Firma 066 aus der PC-Adressdatei (...). Nummern bewerben sich auf Nummern (Burhorn 1994: 134).
- Wir sagen außerdem vorab, dass manche schriftliche Bewerbung besser und natürlicher gestaltet würde, wenn nicht vorher tagelang die unterschiedlichsten 'Leitfäden' gelesen worden wären (Schmidt/Enns 1994: 92)[54].

Parallel dazu gibt es in Frankreich dutzende Warnungen ähnlicher Art:

- Attention! Nous vous livrons à la fin de ce chapitre quelques modèles de lettres mais il serait dangereux de les considérer comme des figures imposées (Monnet 1994: 125).
- (...) vous devez donc absolument éviter de recopier une lettre standard que vous aurait prêtée un ami complaisant, ou que vous auriez lue dans un ouvrage spécialisé (Duhamel/Lachenaud 1995a: 87)[55].

De la Blanchardière/Bonnin-Kerjean haben das Paradoxon im Selbstverständnis der Anleitungen durchschaut: „Vous n'y trouverez pas de 'modèle à copier', ce qui irait à l'encontre de notre propos" (de la Blanchardière/Bonnin-Kerjean 1994: 178), führen ihre theoretischen Hinweise aber dennoch anhand von Beispielanschreiben vor. - Lediglich Le Bras verzichtet auf mahnende Worte und ermuntert die Ratsuchenden sogar dazu, sich durch das Modell inspirieren zu lassen: „Voici (...) 50 modèles de lettres dont vous pouvez vous inspirer pour rédiger la vôtre" (Le Bras 1994: 8; vgl. Le Bras 1992: 12).

Die Widersprüchlichkeiten der Ratgeber, die ich im folgenden aufzeige, resultieren aus diesem Konflikt und sollten nicht als Kritik verstanden werden. Ich versuche lediglich aufzuzeigen, wie die Ratgeberautoren mit ihrer widersprüchlichen Rolle umgehen.

6.2.1. INTRATEXTUELLE WIDERSPRÜCHE

Leiritz z.B., Chefredakteurin von *Rebondir*, postuliert (wie die meisten ihrer Kollegen) „La lettre qui accompagne votre CV se doit d'être unique pour

---

[54] Vgl. Aff et al. 1988: 45; Bolles 1987: 147; Coelius 1994: 46; Dröll 1985: 13; Dröll 1992: 17, 18; Gabay 1991: 337; Hinz 1995: 66; Hesse/Schrader 1987: 67; Hofstetter 1970: 80; Holstein 1994: 147; Kratz [2]1993: 82; Kreklau 1986: 71; Kuron 1993: 194; Manekeller 1978:44, 72; Manekeller 1988: 7; Manekeller 1990/91: 59; Manekeller 1995: 43; Nimmergut/ Krüger 1992: 8; Reichel 1993: 7, 24; Reinartz 1994: 218; Röthig 1977: 70, 96; Siewert 1991: 57; Staufenbiel 1995: 5.
[55] Vgl. Bon 1996: 109; Rebondir 1996: 42, 137 und de Visme/ Colombat 1993: 125.

chaque employeur concerné"[56] (Leiritz 1996: 107). Trotzdem rät sie im gleichen Werk auf Seite 9 dem Bewerber, seinen Begleitbrief per Computer zu verfassen. Noch deutlicher ist der Widerspruch bei Radke: Während er im ersten Absatz einer Seite Serienbriefe ablehnt: „Wenn Sie viele Bewerbungen versenden möchten, liegt die Idee nahe, einen Serienbrief zu schreiben. Davon ist allerdings abzuraten. Jede Bewerbung ist individuell ..."[57] (Radke 1994: 109), empfiehlt er schon im nächsten Absatz (!) unter der Überschrift „Effektiver und schneller schreiben mit AutoText": „Nun macht es keinen Sinn, 'das Rad immer wieder neu zu erfinden' und immer wieder gleiche Textabschnitte und ständig wiederkehrende Floskeln jedes Mal neu zu schreiben" (ibid.). Selbst wenn man diese Hinweise wohlwollend liest, als ob der AutoText lediglich das Gestalten des Layouts erleichtern soll und für die wenig variablen Stellen (Anrede und Schlussformel) gedacht ist, kann nicht geleugnet werden, dass die Vorgabe von Mustertexten Bewerber zum Abschreiben verleitet[58].

Besonders aufschlussreich ist hier Bewerbung hier die Bewerbung eines Kandidaten, der sich derart stark an den Mustern orientiert, dass er lediglich nicht auf ihn zutreffende Abschnitte herausstreicht und die situationsspezifischen Angaben ersetzt: Die Formulierung „in Ihrem Unternehmen" wird umgeändert zu „in Ihrem Blumengeschäft", die Formulierung „Ich glaube (...), auf diesen Gebieten besondere Fähigkeiten und Begabungen zu haben" wird geändert zu „Ich glaube (...), dass ich mich auf dem Gebiet der Pflanzenwelt gut auskenne". Der Pfeil von Seite 41 zu Seite 40 (Brenner 1986: 40 f.) legt die Vermutung nahe, dass der Bewerber Versatzstücke aus beiden Musterbewerbungen kombiniert hat.

---

[56] Vgl. Monnet 1994: 54: „Attention il ne s'agit pas de faire un mailing"; Bon 1996: 79: „La lettre de motivation n'est pas un 'bla-bla' obligé à rédiger en série"; vgl. auch: Baden 1991: 115; Bon 1996: 9, 85; de Visme/Colombat 1993: 125; Duhamel/Lachenaud 1995b: 170 ff.; Duhamel/Lachenaud 1995a: 24, 64 ff., 104; Fleury 1995: 14, 43; Gérard et al. 1992: 70; Le Bras 1994: 19; Monnet 1994: 56 ff.; Nuq 1991: 66, 74; Poncer 1983: 68.
[57] Vgl. Kuron 1993: 213: „Zu den wirklichen Todsünden gehört es, 'Postwurfsendungen' zu verschicken"; vgl. auch Born 1982 ^{9}1991: 64, 69; Brenner 1986: 39; Coelius 1994: 25; Hinz 1995: 77, 78; Kratz ^{2}1993: 78 ff.; Kreklau 1986: 79; Lorenz 1995: 37; Mastiaux 1993: 123; Münsterberg 1983: 39; Radke 1994: 129; Schumacher 1992: 12; Siewert 1991: 91.
[58] Der gleiche Widerspruch taucht auch bei Coelius auf, wenn er erst empfiehlt, einen Basistext zu gestalten, den man ohne viel Mühe umgestalten könne und dann aber fordert, man solle grundsätzlich individuelle Anschreiben als Antwort auf Stellenangebote verschicken (Coelius 1987: 48).

Auch wenn man sich die Umsetzung der Ratgeberregeln in den Musteranschreiben näher ansieht, fällt auf, dass Theorie und Praxis erheblich auseinander klaffen. Gegen fast jede Regel wird in den positiv bewerteten Musterbeispielen einmal verstoßen. Trotz der Mahnung, in einem schlichtem Stil zu schreiben, finden sich gestelzte Ausdrücke wie „Erfahrung komplettieren" und gekünstelte Satzkonstruktionen wie „ich wende mich heute an Sie mit der höflichen Bitte um Unterstützung bei meinem Berufseinstieg" oder „die auch in der Anzeige erkennbare Unternehmenskultur stellt sich als ein Umfeld dar, in dem...". Gegen die Empfehlung, persönliche Dinge aus dem Anschreiben auszuklammern, wird ebenso verstoßen [„tragischer Tod des Kindes"; „Rückkehr in die Heimat"; „Finanzierung des Studiums", „und ich vor Beginn der Schulzeit meiner Söhne wechseln will", „weil meine Frau", „aus familiären Gründen"] wie gegen den Hinweis, nicht in einen Bettelton zu verfallen [„Bitte geben Sie mir Gelegenheit"] oder gegen die Warnung, keine Minidissertationen und allgemeine Betrachtungen über die wirtschaftliche Lage zu schreiben: „Die Qualität des Personalmanagements wird gerade für mittlere und kleine Unternehmen in den nächsten Jahren in zunehmendem Maße einen entscheidenden Faktor für den Unternehmenserfolg darstellen". Ungeniert verzichten Autoren auf die namentliche Anrede durch „Sehr geehrter Herr___" [stattdessen: „Sehr geehrte Damen und Herren"] und bedienen sich antiquierter Wendungen, wie „Hochachtungsvoll" etc., die jedem „Real-Bewerber" als schlechter Stil angekreidet worden wären.

6.2.2. INTERTEXTUELLE WIDERSPRÜCHE

Intertextuelle Widersprüche werden dem Durchschnittsbenutzer der Ratgeber gar nicht auffallen, denn in der Regel wird er nicht mehrere Dutzend verschiedener Nachschlagewerke konsultieren, bevor er seine Bewerbung schreibt. Macht man sich doch die Mühe und vergleicht einige Werke, so kann am Ende der Analyse nur das Fazit stehen: „Bewerben ist Geschmackssache!". Nur selten gibt es allgemein akzeptierte Normen. Dazu gehört, dass man ein Passfoto- beilegt und nicht das letzte Strandfoto aus dem Urlaub, dass Einschreiben unangebracht sind oder dass ein Anschreiben sauber, unzerknittert und orthographisch einwandfrei beim Empfänger eingehen sollte. Einigkeit besteht ferner darüber, dass kein Rückporto beigelegt werden sollte,

die Adresse des Empfängers korrekt und vollständig sein sollte und darüber, dass der Begleitbrief zu unterschreiben ist.
Dieser oberflächliche Konsens darf jedoch nicht darüber hinwegtäuschen, dass zwischen verschiedenen Autoren zum Teil gravierende Unterschiede bestehen: Während z.b. die meisten vor „Einheitsbewerbungen" warnen (z.b. Reichel 1993: 24), sprechen sich de la Blanchardière/Bonnin-Kerjean und Manekeller offen für Serienbriefe aus: „Bewerbungen an unbekannte Geschäftshäuser dürfen alle denselben Wortlaut haben" (Manekeller 1976: 29; vgl. de la Blanchardière/Bonnin-Kerjean 1994: 170).
Die Kontroverse beginnt zumeist dort, wo die Persönlichkeit des Bewerbers ins Spiel kommt. Ein Schreiber, der sehr direkt ist und dem der Wert „Ehrlichkeit" so viel bedeutet, dass er dafür seine Anstellung aufs Spiel setzten würde, wird nicht verschweigen, dass er aufgrund seiner Kündigungsmodalitäten zum geforderten Eintrittstermin nicht verfügbar sein kann: Ein solcher Bewerber wird wahrscheinlich auch unverblümt seine Gehaltsvorstellung nennen. Ein eher taktisch agierender „berechnender" Typ hingegen wird solche Punkte oder Zeiten der Arbeitslosigkeit aus strategischen Gründen möglichst unerwähnt lassen.
Anstatt den Ratsuchenden darauf aufmerksam zu machen, dass Bewerben Charaktersache ist, versuchen die Autoren dem Ratsuchenden ihre persönlichen Wertvorstellungen vorzuschreiben. Sehen wir uns zwei dieser „heiklen" Komponenten einmal genauer an:

a) **Gehaltsfrage**: Fleury vertritt ihre Ansicht, die Gehaltsvorstellung gehöre nicht in das Anschreiben, mit Schärfe und formuliert ihre Warnung als Imperativ: „Ne donnez pas vos prétentions salariales. Il vaut mieux ne pas aborder la question du salaire dans votre lettre, même si on vous le demande" (Fleury 1995: 18)[59]. Gegenteiliger Ansicht ist z.B. Hartpence: „(...) notamment vos prétentions quant à la rémunération. Tous mes confrères ne sont pas de cet avis, mais je considère qu'il convient de répondre à la question posée, faute de quoi vous risquez de voir votre candidature écartée d'office" (Hartpence 1988, [2]1994: 176) oder Hofstetter: „Äußerst ungern sehen es Firmenchefs, wenn Sie auf die Bitte, Ihre Gehaltsforderungen zu nennen, ausweichen wollen, indem Sie z.B. schreiben: 'Über die Höhe des Gehaltes

---

[59] Ähnliche Auffassungen (zum Teil eingeschränkt, falls die Gehaltsforderung in der Anzeige explizit gefordert wird) vertreten: Bon 1996: 81; Born 1982 [9]1991: 102; Dröll 1992: 48, 163; Harmsen 1989: 39; Ihn 1994: 120; Monnet 1994: 63; Radke 1994: 107; Vermes 1995: 172.

möchte ich erst bei der Vorstellung sprechen" (Hofstetter 1970: 24)[60]. Nur wenige Autoren thematisieren, dass diese Komponente umstritten ist: „L'exercice est périlleux" (Rebondir 1996: 117) oder „Die heikle Gehaltsfrage" (Habdank 1981: 36) und überlassen die Entscheidung dem Bewerber[61]. Als Versprachlichungsvorschläge werden angeboten:

- Nous pourrions fixer mes prétentions de salaire après avoir étudié, lors d'un entretien, les différentes responsabilités qui me seront confiées (Rebondir 1996: 117)
- Quant aux prétentions, nous aurons l'occasion d'en parler au cours de l'entretien, en fonction des responsabilités du poste (ibid.)

Analysiert man vor diesem Hintergrund die authentischen *Samples*, so fällt auf, dass lediglich sieben Bewerber ihre Gehaltsvorstellungen ansprechen. Dieses erscheint vielleicht auf den ersten Blick nicht wesentlich vergleichbar mit der Ratgeberliteratur. Man darf jedoch nicht vergessen, dass das Corpus der Musterbücher nur aus 100 *Samples* besteht, dem viermal so viele authentische *Samples* gegenüberstehen.

b) „Licenciement, chômage... Il n'y a pas de honte à cela" (Le Bras 1992: 23)

Im Falle augenblicklicher Arbeitslosigkeit gehen die Meinungen noch stärker auseinander. Fleury schreibt in aller Klarheit: „Alors, ne dites pas que vous êtes au chômage depuis 1 an (...). N'employez pas de mots à connotation négative comme handicap, licencier, contraintes, etc." (Fleury 1995: 23; vgl. Huguet 1985: 163), und Leiritz mahnt gleichfalls vor „formules négatives" und führt als Negativbeispiel an: „Après un licenciement économique, je me propose..." (Leiritz 1996: 134). Le Bras hingegen widerspricht, man brauche sich für Arbeitslosigkeit nicht zu schämen und könne sie offen ansprechen: „Licenciement, chômage... Il n'y a pas de honte à cela. (...) annoncez votre situation dès la première ligne. Personne n'en sera choqué" (Le Bras 1992: 23). Auch Harmsen meint, es sei besser, mit offenen Karten zu spielen und die Arbeitslosigkeit anzugeben (Harmsen 1989: 35), und Born weist darauf hin, dass Umschreibungen wie „Ich bin sofort/jederzeit verfügbar", „Ich könnte kurzfristig bei Ihnen eintreten/beginnen/meine Tätigkeit aufnehmen" „Terminlich bin ich nicht gebunden" vom Personalverantwortlichen ohnehin

---

[60] Vgl. z.B. Dröll 1977: 44.
[61] Vgl. auch Coelius 1987: 52; Duhamel/Lachenaud 1995b: 31.

richtig gedeutet würden, so dass man auch ehrlich schreiben könne „Ich bin zu Zeit arbeitslos" oder „Ich bin seit dem__ arbeitslos" (Born 1982 [9]1991: 62; vgl. Dröll 1992: 200 ff.).
Schaut man sich in diesem Zusammenhang an, wie die Bewerber im authentischen Material mit dem Thema „Arbeitslosigkeit" umgehen, so wird deutlich, dass Bewerber in unangenehmen Situationen direkte Formulierungen meiden und stattdessen lieber auf Euphemismen zurückgreifen, z.B. „Prête à commencer dès à présent", „Libre de toute obligation", „Actuellement disponible", „à la recherche d'un emploi", „je suis disponible/libre...".
Es gibt aber auch Bewerber, die das Thema sehr offen ansprechen und unverblümt zu verstehen geben, dass sie dringend Arbeit brauchen:

- (...) et malgré toute ma bonne volonté et ma polyvalence, je n'ai pas trouvé d'emploi. Aujourd'hui, par obligation et afin de pouvoir assurer mes besoins, j'ai été obligée de demander le R.M.I. Il est donc très important pour moi, de trouver un emploi quel qu'il soit, et (...)
- J'ai absolument besoin de travailler et je suis capable de m'adapter à n'importe quel poste

Häufig nutzen französische Bewerber die Chance, ihr Unverschulden zu erklären, z.B. indem sie sagen, sie seien „pour raisons économiques", aufgrund der „conjoncture très défavorable" , „suite à la mutation de mon mari, sur___" entlassen worden; das Lexem „chômage" selbst taucht nur einmal auf. Linguistisch gesehen ist besonders interessant, dass der Satz häufig mit einer verkürzten Adjektiv- oder Partizipialphrase beginnt:

- Licenciée pour raisons économiques...., je...
- A la recherche d'un emploi, je...
- Etant au chômage..., je...
- Libre de toute obligation..., je...
- Actuellement disponible..., je...

Vielleicht gehen Franzosen generell offener mit Tabuthemen um, denn eine Bewerberin z.B. gibt offen zu, dass sie ihre Prüfung nicht bestanden hat: „(...), j'ai manqué mon examen de très peu" und zwei Bewerber sprechen ihre mangelnde Erfahrung bereitwillig an,

- Je n'ai certes pas d'expérience professionnelle...
- Bien que n'ayant jamais travaillé dans un foyer, je suis disposée à mettre mon sourire et ma bonne volonté à votre service

während es in Deutschland scheinbar nur perfekte Bewerber gibt.

6.2.3. MANGELNDER REALITÄTSBEZUG

Auch die Art der Stilregeln in der Ratgeberliteratur verdient einen kritischen Kommentar: Zumeist gibt es zwei verschiedene Typen, nämlich die Auflistung von Negativbeispielen (Kapitel 6.2.3.1.) und auf ein Bündel abstrakter Hinweise zur Verbesserung des Schreibstils, die allerdings nur selten durch konkrete Beispiele veranschaulicht werden und daher wenig hilfreich sind (Kapitel 6.2.3.2.).

6.2.3.1. KRITIK AN DEN AUFGELISTETEN NEGATIVBEISPIELEN

Die Kategorie der als „Job-Killer" geltenden Formulierungen zerfällt in a) textsortentypische Beispiele, die derart wenig Bezug zur Realität aufweisen, ja so weit an der Peripherie des Prototyps liegen, dass ihre Thematisierung eigentlich unangemessen ist und b) Formelkritik. Exemplarisch für a) möchte ich einige Beispiele aus Job Fit 1, 1993: 181/182 anführen, die offenbar sogar für den Autor so inadäquat sind, das er sich genötigt sieht, ihre Authentizität nachdrücklich zu betonen: „Formulierungen, die Sie im Anschreiben nicht verwenden sollten... die aber tatsächlich verwendet wurden: Alle folgenden Beispiele sind authentisch":

- Nach Beendigung meines Studiums (...) leide ich unter Entzugserscheinungen hinsichtlich interessanter Aufgaben und angenehmer Atmosphäre.
- Die guten Erfahrungen in den Bereichen ... haben bis heute von mir Besitz ergriffen.
- Meine Kindheit verbrachte ich mit meinen Eltern (...).

Die Analyse meines authentischen Materials beweist, dass solche inhaltlich misslungenen, textsortenfremden Sätze in der Realität äußerst selten auftauchen. Als amüsante Entgleisungen würde ich höchstens eine Bewerbung kategorisieren, die an eine Kontaktanzeige erinnert, eine, die halb ironisch, halb überheblich klingt, und eine dritte mit sehr poetischem Stil:

- Ich bin ___ Jahre alt, ledig, absolut nicht ortsgebunden und...
- Da ich **nach Ihren ersten Informationen** [meine Hervorhebung] an der zu besetzenden Position interessiert bin,...
- Da meine Lebensgefährtin jedoch nach___ versetzt wurde, musste ich meinen Lebensmittelpunkt verlegen

Unter Formelkritik (Punkt b) verstehe ich die Kritik solcher Beispiele, die im Corpus häufig belegt sind und die sich im Sprachgebrauch fest etabliert haben. Die Kritik der Autoren richtet sich hier offensichtlich genau gegen den formelhaften Charakter der Anschreiben, und es bleibt fraglich, wodurch sich solche Kritik an den präferierten Lösungen für Formulierungsprobleme legitimieren lässt. Warum die Ratsuchenden verunsichern und warnen vor dem, was „Usus" ist? Was hier gemeint ist, soll am Beispiel des Anlagenverweises verdeutlicht werden: „'In der Anlage finden Sie...'(?)" (Manekeller 1995: 58):
Nach Auffassung mancher Autoren ist der Verweis im Fließtext sowieso unnötiger Ballast: „Les phrases du style 'veuillez trouver ci-joint mon Curriculum Vitae' sont inutiles" (Monnet 1994: 62; vgl. Duhamel/Lachenaud 1995b: 138), und durch den schlichten Vermerk Anlagen bzw. „P.J./P.S. Curriculum Vitae" am Ende der Seite[62] kann das Problem der Formulierung ja tatsächlich ganz umgangen werden. Hat man sich aber doch für einen Verweis im Textkörper entschieden und formuliert „Anliegend übersende ich Ihnen...", so mahnt Manekeller „Das Partizip bezieht sich immer auf das Subjekt des Satzes. Für unsere Wendung würde das bedeuten: Nicht die Unterlagen liegen an, sondern ich liege an." (Manekeller 1995: 59). Schon 1970 hatte Hofstetter den Gebrauch von Partizipien an dieser Stelle kritisiert, aber festgestellt, dass diese „Floskel nicht totzukriegen" sei (Hofstetter 1970: 82). Willig setzen wir also erneut an und formulieren „in der Anlage finden Sie...", doch schon wieder werden wir zurückgehalten: „Natürlich sollen die Zeugnisse beispielsweise nicht im Garten gesucht werden wie Ostereier. Sie sollen auch nicht *in* der Anlage gefunden werden wie in einem Briefumschlag; sie sind die Anlage *selbst*" (Manekeller 1995: 58 ff.; vgl. Brenner 1986: 39). Formelhaftigkeit wird also in der Ratgeberliteratur häufig negativ bewertet, während bei den Bewerbern der Drang zur Formel stark ausgeprägt ist. Die folgenden Beispiele zeigen, wie weit Ratgebertheorie und Praxis auseinander liegen, denn die Versprachlichungen, von denen die Autoren abraten, tauchen im Corpus immer wieder auf.

- Je sollicite par la présente (wird kritisiert von Monnet 1994: 52 als „préambule soporifique")

---

[62] Alternativ: „Anlagen: Bewerbungsmappe" (Dieckmann 1994: 26) oder „Anlagen: Lebenslauf, Zeugnisse Tätigkeitsnachweise" (ibid.) oder „3 Anlagen" (Gladigau 1987: 28).

Untersuchungen zur Ratgeberliteratur

- A la recherche d'un emploi, je me permets de vous adresser cette lettre de candidature (gehört laut Fleury 1995: 22 zu den „formules creuses, banales, vieillottes ")
- Je sollicite de votre haute bienveillance... (wird von Fleury 1995: 22 als „pompeux" bezeichnet)
- Je suis au chômage depuis 3 mois („le ton quémandeur et misérable" sollte laut Nuq 1991: 67 in Anschreiben vermieden werden)
- J'ai l'honneur de... (schlechter Stil nach Le Bras 1994: 24)
- Comme suite à... (zu vermeiden laut Le Bras 1994: 24)
- Dans l'attente d'un éventuel rendez-vous („éventuel" deutet nach Meinung von Duhamel 1995: 96 mangelndes Selbstbewusstsein an)
- Je me permets de vous écrire („se permettre de" ist nach Duhamel 1995: 96 übertriebene Höflichkeit)
- Veuillez trouver ci-joint mon C.V... (ist nach Ansicht von Le Bras 1994: 22 zu sehr Amtssprache

Die Autoren sind also ständig bestrebt, das Formelhafte der Textsorte aufzulösen. Dabei darf jedoch nicht vergessen werden, dass ein „Sich-hinwegsetzen-über-die-Formel" Textsortenkompetenz erfordert, die über die Kenntnis der Formel hinausgeht. Es wird also von dem Ratsuchenden, der das Buch ja gerade deshalb zur Hand nimmt, weil er die Formel **nicht** sicher genug beherrscht, der zweite Schritt (= kreativer Umgang mit Formelhaftigkeit) vor dem ersten (= Kenntnis der Formel) verlangt.

Auch inhaltlich lassen die Muster oft den Bezug zur Realität vermissen: In der Theorie verfügen auch Universitätsabsolventen über Berufserfahrung. Natürlich ist es für den perfekten Bewerber nicht schwer, eine mustergültige Bewerbung zu schreiben: „Habitué des négociations à tous niveaux, j'ai doublé mes objectifs au cours des 3 dernières années et obtenu le prix de Meilleur vendeur de France". So verfügt der Musterbewerber bereits über grundlegende Erfahrung bei der Arbeit in Großunternehmen, hat mehrere Auslandsaufenthalte gehabt, ein ausgezeichnetes Abitur abgelegt, ein Stipendium der EU erhalten, zielstrebig und entschlossen studiert, die Diplomarbeit mit „sehr gut" geschrieben, in Mathematik promoviert, seit drei Jahren Übungen im Grundstudium gehalten oder sich in studentischen Gremien engagiert. Die Universität hat ihm zwar Promotionsmöglichkeiten in Aussicht gestellt, aber er zieht dennoch den Platz in der Wirtschaft vor.

Selbst die Musterbewerbung des Durchschnittskandidaten ist wenig realitätsnah: Häufig sind die Kandidaten per Zufall in der Nähe des Firmensitzes geboren und möchten in ihre Heimat zurückkehren, haben im Fernsehen einen

Untersuchungen zur Ratgeberliteratur

Bericht über das Unternehmen gesehen oder sie beziehen sich auf ein Firmenkontaktgespräch, das im vergangenen Jahr stattgefunden hat. Zusammenfassend: Die Muster sind eher inhaltlich als sprachlich originell und folglich nur schwer übertragbar.

6.2.3.2. MANGELNDE KONKRETISIERUNG DER POSITIVBEISPIELE

Der zweite Kritikpunkt an den Stilkapiteln in der Ratgeberliteratur betrifft die mangelnde Konkretisierung der Positivbeispiele. Die Verdeutlichung durch ein Beispiel, die bei den „Negativ-Regeln" fast immer geleistet wird, beschränkt sich bei den „Positiv-Regeln" auf den Verweis auf die folgenden kompletten Musteranschreiben. Die vagen und abstrakten Hinweise des Typs „Schreiben Sie natürlich. Schreiben Sie diesen Brief, wenn nötig, so lange, bis er in jeder Hinsicht 'sitzt'" (Habdank 1981: 32) sind für einen Ratsuchenden wenig hilfreich. Born beispielsweise rät:

> Inhalt und Stil von Schreiben an den Arbeitgeber sollten wie bei guten, zeitgemäßen Geschäftsbriefen formuliert sein, das heißt: freundlich und höflich; klar, eindeutig und verständlich; knapp und sachlich; psychologisch und taktisch geschickt; kurzum: leserfreundlich und empfängerorientiert (Born 1994: 12)[63].

Diese Hinweise haben oft einen derart allgemeinen Charakter, dass man den Eindruck gewinnt, es handele sich lediglich um eine auf Anschreiben angewandte Reformulierung der Konversationsmaximen von Grice (Grice 1979: 30, 57-72), der bei der Herausarbeitung seiner „principes de coopération" die Situationsadäquatheit und Adressatenorientierung betont:

a) **principe de quantité**: „Faites des phrases courtes" (de Visme/Colombat 1993: 137); „pas de répétition" (Gabay 1991: 338)

b) **principe de qualité**: „n'affirmez pas sans argumenter" (Gabay 1991: 337); „Geben Sie zu jeder Aussage eine Begründung" (Neubarth 1985: 70); „Es wäre nicht richtig zu schreiben: 'Ich bin verschwiegen, zuverlässig und kontaktfreudig, wie Sie es wünschen', ohne einen Beweis anzuführen" (Hofstetter 1970: 67)

c) **principe de relation**: „ne romancez pas votre vie" (Gabay 1991. 337) (vgl. Kapitel 4.1.4.)

---

[63] Für weitere allgemeine Hinweise für einen guten Stil siehe auch: de la Blanchardière/ Bonnin-Kerjean 1994: 13; Duhamel/Lachenaud 1995a: 88; Engels 1981: 43; Kreklau 1986: 64, 77; Kuron 1993: 195 ff.; Monnet 1994: 46; Radke 1994: 108; Visme/Colombat 1993: 137.

d) **principe de modalité**: „soyez clair: non seulement dans vos phrases, mais aussi dans votre présentation" (Duhamel/Lachenaud 1995b: 172).

Einige Autoren verfallen ins andere Extrem und versuchen, dem Bewerber die Wortwahl in den Mund zu legen, indem sie manche Wortgruppen „verbieten" [„Vermeiden Sie Substantive auf '-ung', '-nahme', '-keit' " (Gladigau 1987: 191)] und andere Verbgruppen, akribisch katalogisiert, empfehlen: In Job Fit 8 (Reinartz 1994: 174) listet Reinartz beispielsweise ca. 150 (!) Verben auf, die angeblich Handlungsbereitschaft und Entschlossenheit ausdrücken[64].

Ich betone aber nochmals, dass die oben aufgezeigten Widersprüche den Autoren keinesfalls als Vorwurf angelastet werden dürfen, da sie lediglich zwangsläufige Folge widersprüchlicher Erwartungshaltungen sind. Neben dieser bewusst angenommenen Rolle der Ratgeber als Textproduktionsanleitung kommt ihnen unterbewusst auch noch eine andere Funktion zu, nämlich die der Dynamisierung von Formelhaftigkeit.

6.3. DER EINFLUSS DER RATGEBERLITERATUR AUF DEN SPRACHWANDEL

Häufig schlagen die Ratgeberautoren „kreative" Formulierungen vor, die aber aufgrund von Reproduktion ebenfalls zu Formeln gerinnen. Die semantische Komponente „Einleitung"/„Aufhänger" zeigt deutlich, dass sich Kreativität abnutzen kann. Diese Abnutzung wird durch die Weiterentwicklung der Büro- und Kommunikationstechnik verstärkt: Die Entwicklung moderner Computersoftware hat sich in der Geschäftskorrespondenz insofern niedergeschlagen, als da für bestimmte Textsorten auf der Grundlage der bekannten „Versatzstücke und Kombinationsregeln" eine computergestützte Serienproduktion denkbar ist (Stein 1995: 349; vgl. ibid.: 96). Das steigende Informations(austausch)bedürfnis zieht Standardisierungstendenzen nach sich, so Stein, die durch die Möglichkeit der computergesteuerten Textverarbeitung gesteigert würden (Stein 1995: 125). Diesem Prozess steht Stein kritisch gegenüber, da durch die bequeme Wiederverwendung kompletter Textbausteine sowie durch den massenhaften Ausstoß fertiger Serienbriefe zwar die Möglichkeit einer rationellen Text-"Produktion" eröffnet werde, dies

---

[64] Vgl. auch die Wortlisten bei Duhamel/Lachenaud 1995a: 89ff.: „Vous trouverez dans la liste ci-dessous de quoi moduler votre vocabulaire, ce qui vous permettra, à la fois d'être plus explicite et d'éviter les redites".

Untersuchungen zur Ratgeberliteratur

aber oft zu Lasten der Individualität der Texte gehe (Stein 1995: 125). Formulieren als „Daten-Mix" verleihe auch dem einfallslosen oder unter Zeitdruck stehenden Formulierer, also demjenigen, der sich sprachlicher Fertigbausteine bedient, den Anschein, sprachlich produktiv zu sein, so Stein weiter. Tatsächlich vereinfacht die moderne Software die Produktion formelhafter Texte ganz erheblich, falls der Bewerber nicht den Ehrgeiz hat, sich von der Masse abzuheben. So gibt es von DATA Becker für den unsicheren oder wenig kreativen PC-Besitzer auf Diskette abgespeichert ein knappes Dutzend „Muster für erfolgversprechende Bewerbungsanschreiben" (Radke 1994: 118), bei denen nur noch die Platzhalter ersetzt werden müssen:

> Die nachfolgenden Beispiele sind ohne den Briefbeginn (Absender, Anschrift, Datum) gedruckt, da es hier nur um den Inhalt geht. Sie finden diese Beispiele aber als komplette Muster - also mit Briefkopf und Anrede in unterschiedlichen Formatierungen - auf der beiliegenden Diskette (ANSCHR_1.DOC).

Tatsächlich verlieren auch die als kreativ und ausgefallen kategorisierten Bewerbungsbeispiele ihre Originalität, wenn sie zum einhundersten Mal reproduziert worden sind. Genauso wie ein im Reiseführer erwähnter einsamer Strand binnen Kürze riesige Touristenströme anlocken wird und damit seine Einsamkeit einbüßt, lösen Vorschläge aus Ratgebern Fluten ähnlicher Bewerbungen aus, aber: Abgeschriebene Originalität ist nicht originell (vgl. Kapitel 7.3.).
Sehen wir uns dazu die Hinweise der Ratgeber zum Punkt „Einleitung" noch einmal genauer an:
Für Deutschland werden z.B. negativ bewertet:
- Bezugnehmend auf... (Gladigau 1987: 182)
- Hiermit bewerbe ich mich um... (Hesse/Schrader 1992: 58, Radke 1994: 105, Engels 1981: 42, Friedrich 1978: 15 ff.)
- Hiermit möchte ich mich... (Knebel [5]1988: 41)
- Ich beziehe mich auf Ihre Anzeige... (Hesse/Schrader 1992: 58)[65]

Positiv werden demgegenüber bewertet:
- Sie suchen einen... (Hesse/Schrader 1992: 58; Manekeller 1990/91: 42; Manekeller 1995: 42)
- Vielen Dank für die ausführlichen Informationen, die ich von Ihnen in unserem Telefongespräch am ... bekommen habe (Reinartz 1994: 178)
- Mit einem herzlichen Dank für das freundliche und informative Telefonat mit Ihnen wende ich mich in Bezug auf die angebotene Stelle an Sie (Hinz 1995: 73)
- In Ihrer Anzeige vom... suchen Sie einen... (Hesse/Schrader 1992: 58)

---

[65] Vgl. Born 1982 [9]1991: 128; Manekeller 1990/91: 40; Schnatmeyer 1994: 188.

- Mit großem Interesse habe ich Ihre Anzeige gelesen und möchte mich Ihnen als ... vorstellen... (Hesse/Schrader 1992: 58)
- Mit großem Interesse habe ich Ihr Stellenangebot für... gelesen (Radke 1994: 106)[66]

Stellt man dem nun gegenüber, wie in authentischen Schreiben der Grund des Schreibens verbalisiert wird, so ergeben sich vier Grundmuster mit verschiedenen Varianten:

a) **Performative Äußerung der Bewerbungsabsicht**

1. **Hiermit bewerbe ich mich**/möchte ich mich (+ bewerben) (**worum?**) (**als was?**) (**wo?**) [bewerben]
2. (diverses) **bewerbe ich mich**/möchte ich mich (+ bewerben) [(hiermit)] (**worum?**) (als was?) (wo?) [bewerben]
3. Ich bewerbe mich/möchte mich (+ bewerben) (worum?) (als was?) (wo?) [bewerben]

worum?	z.B. um eine/**um die** (**von Ihnen** (am ___ in der ___) **ausgeschriebene**(n) Stellung/Anstellung/**Stelle/Position** (eines_____)/um die dort ausgeschriebene Stelle/ Position...
als was?	z.B. **als**___
wo?	z.B. **in Ihrem Unternehmen**/Betrieb/Hause/**bei Ihnen/im Bereich**___
diverses	z.B. daher/hiermit/Ø/deshalb/da.../aufgrund ....

b) **Bezugnahme auf Zeitungsanzeige / Telefongespräch etc.**

bezugnehmend auf (**worauf?**) + bewerbe ich mich/möchte ich mich bewerben...

worauf?	z.B. auf das/Ihr Stellenangebot (wo?) (von wann?) (wofür?)/unser Telefonat/unser Gespräch (von wann?)
wo?	z.B. in der ___
von wann?	z.B. vom ___
wofür?	z.B. für___

c) **Interessenbekundung**

1. **mit großem Interesse** las ich/**habe ich** (+gelesen) **Ihre**/die **Anzeige**/Ausschreibung/ Annonce (wofür?) (**wo?**) (**von wann?**) [**gelesen**]
2. (als was?)/Ø/(weshalb?) interessiere ich mich (wofür?)
3. interessiert sein (woran?) (weshalb?)
4. ein Interesse an etw. haben/Interesse für etwas mitbringen/ ___ entspricht meinen Interessen/mein Interesse richtet sich (worauf?) (weshalb?)

---

[66] Vgl. auch Born 1982 [9]1992: 114; Hinz 1995: 71; Knebel [5]1988: 41; Manekeller 1990/91: 43.

Untersuchungen zur Ratgeberliteratur

weshalb?   z.B. daher/da...
wofür?   z.B. für diese Stelle
worauf?   z.B. auf_____
als was?   z.B. als ___
woran?   z.B. an einer Tätigkeit/an einer Mitarbeit/an einer Stelle
wo?   z.B. **in der** ____
von wann?   z.B. **vom** ____
wofür?   z.B. für_____

5. präpositional
    aufgrund meines großen Interesses an____
    von meiner Interessenlage her
    im Bereich meines Interessengebietes

d) Verweis auf Stellenvakanz

1. **Sie suchen (wen?) (wofür?)**/∅
2. Sie suchen (wofür?) (wen?)

wen?   z.B. eine(n)_____ (+Spezifizierung)
wofür?   z.B. für _____ /zur_____

Anhand der semantischen Komponente „Einleitung" lässt sich also ein Gerinnungsprozess von „nicht-formelhaften" zu formelhaften Wendungen nachzeichnen. Der von den Autoren vorgeschlagene „alternative" Briefeinstieg über Muster d) „Sie suchen..." ist im authentischen Material im Verhältnis zu den „ausgetretenen Pfaden" a) und b) zwar leicht unterrepräsentiert, aber gleichwohl nicht (mehr [?]) so selten, dass es legitim wäre, die Wendung als kreativ zu bezeichnen. Ein ähnlicher Originalitätsverlust ist z.B. auch im Zusammenhang mit Geburtsanzeigen aufzeigbar: Die Wendung „Hurra ich bin da!", die in dem Bestreben die Formel „Wir freuen uns über die Geburt unserer Tochter___/unseres Sohnes ___" zu vermeiden, geprägt wurde, ist durch wiederholtes Reproduzieren in identischer Form inzwischen ebenfalls zur Formel geworden. Dabei lässt sich für Geburtsanzeigen ein „time lag"[67] zwischen Deutschland und Frankreich feststellen, der sich auch für Bewerbungen bestätigt. Der meiner Ansicht nach für Deutschland schon fast abgeschlossene Prozess der Aufnahme von „Sie suchen..." ins

---

[67] Hiermit meine ich, dass sich Franzosen auch heute noch nicht von der Formel „Nous avons la joie d'annoncer la naissance de..." gelöst haben, während die entsprechende Formulierung „Wir freuen uns, die Geburt von___anzuzeigen" in Deutschland bereits seit längerer Zeit als veraltet gilt.

Formelrepertoire der Sprachgemeinschaft, steht in Frankreich noch am Anfang: Wie in der deutschen Ratgeberliteratur wird von den klassischen Mustern abgeraten,

„Ne dites pas:
- Suite à votre annonce....(Gabay 1991: 337)
- J'ai l'honneur de vous soumettre ma candidature (ibid.)
- J'ai l'honneur de solliciter de votre haute bienveillance..."(de Visme/Colombat 1993: 135)[68]
- A la recherche d'un emploi, je me permets de vous adresser cette lettre de candidature (Monnet 1994: 52)
- Vivement intéressé par votre annonce publiée dans___ du___, je suis très motivé à... (Duhamel/Lachenaud 1995a: 16)
- Votre annonce du ___ a éveillé tout mon intérêt (de la Blanchardière/Bonnin-Kerjean 1994: 147; vgl. Duhamel/Lachenaud 1995a: 157)

aber die Befolgung des Vorschlags von Duhamel/Lachenaud mit „Vous recherchez" zu beginnen (Duhamel/Lachenaud 1995a: 99), bleibt die Ausnahme[69]. Die sich an dieser Stelle nur vorsichtig andeutende Tendenz, dass Franzosen vorsichtiger und zurückhaltender mit potenziell neuen Formeln umgehen bzw. Kreativität gegenüber skeptischer sind, wird im Kapitel 7. noch deutlicher sichtbar werden.

Nach den vorausgehenden Überlegungen drängt sich die Hypothese auf, dass durch die normativen Empfehlungen der praktischen Stilistik neue Formeln geprägt werden und andere aus dem Sprachgebrauch gedrängt werden. Die Ratgeberliteratur leistet demnach einen entscheidenden Beitrag zur Dynamisierung dessen, was als formelhaft (also als statisch) kategorisiert wird. Meiner Ansicht nach kommt der Ratgeberliteratur beim Sprachwandel aber nicht immer eine *initiierende* Funktion zu (die Sprache entwickelt sich also nicht immer *wegen* der Ratgeberliteratur), sondern zum Teil auch eine *reagierende* (d.h. die Sprache entwickelt sich *unabhängig* von den Ratgebern und die Autoren der Bücher stellen die Entwicklungen nur *nachträglich* dar).

Besonders interessant erscheint mir in diesem Zusammenhang der achte Band der Job Fit Reihe, denn hier wird die Bewerbung vom 26. November 1980 einer Bewerbung von April 1994 gegenübergestellt. Es fällt auf, dass der Bewerber von 1994 die Anrede personalisiert, auf den formelhaften Einstieg „mit großem Interesse habe ich Ihr Stellen Angebot gelesen" verzichtet und

---

[68] Vgl. Rebondir 1996: 134.
[69] Für weitere positiv bewertete Einstiegssätze siehe auch: de la Blanchardière/Bonnin-Kerjean 1994: 170, 160; Duhamel/Lachenaud 1995a: 110; Gabay 1991: 337; Huguet 1985: 161; Rebondir 1996: 111; de Visme/Colombat 1993: 135.

stattdessen mit einem anschaulichen Vergleich beginnt: „Mitarbeiter sind (...) wie Automobile: Da gibt es zum Beispiel praktische kleine Stadtflitzer oder repräsentative Nobelkarossen. Dann gibt es aber auch noch die vielseitigen und flexiblen Geländewagen, mit denen man sich auch in schwieriges Terrain vorwagen kann" (Braun 1994: 24). Außerdem legt der Bewerber im Jahre 1994 großes Gewicht auf seine Praktika, und im letzen Absatz formuliert er recht salopp: „(...) schreiben Sie mir doch kurz oder rufen Sie mich einfach an!" (ibid.).

Anhand der Anrede oder der Grußformel lässt sich zeigen, dass Ratgeber-Regeln nicht starr sind[70], sondern Wandel unterliegen und dynamischen Charakter haben. Leider kann ich diese Feststellung nicht am authentischen Material belegen (denn mein Corpus erlaubt nur eine synchronische Sprachbetrachtung), aber es lassen sich aufgrund der Ratgeberliteratur Aussagen zu früher geläufigen, heute unüblichen Formen machen.

Schon 1970 mahnt Hofstetter im Zusammenhang mit der Anrede: „Wir sollten uns langsam daran gewöhnen, dass auch Damen in den Büros tätig sind und ihnen nicht das Recht auf Gleichberechtigung nehmen" (Hofstetter 1970: 61; vgl. auch Coelius 1994: 44). Born hingegen schreibt sogar in der neunten Auflage von 1991 noch: „Die übliche Anrede in der Geschäftskorrespondenz lautet: 'Sehr geehrte Herren...'" und wertet die übliche Form „Sehr geehrte Damen und Herren" als markiert: „Als höflicher Mensch **können** [meine Hervorhebung] Sie die Damen mit anreden" (Born 1982 [9]1991: 128). Gladigau weist weiter darauf hin, dass heute auch unverheiratete Frauen nicht mehr mit „Fräulein", sondern mit „Frau" anzusprechen sind (Gladigau 1987: 25). In Job Fit (Dieckmann 1996: 25) wird noch einmal plastisch zusammengefasst: „Rhetorische Kunststücke, wie 'hochverehrte Damen, sehr geehrte Herren...', 'Geschätzte Damen und Herren...', (...) sind antiquiert, unangebracht und wirken in diesem Zusammenhang eher lächerlich" (vgl. auch Radke 1994: 78). Wie modern ein Briefsteller ist, hängt also nicht primär mit dem Erscheinungsjahr eines Buches zusammen, sondern wird in ganz erheblichem Maße von der Persönlichkeit des Autors bestimmt.

Besonders deutlich lässt sich der Wandel des gesellschaftlichen Umfeldes und die daraus resultierende Änderung der Anredeformel bei Manekeller aufzeigen, dessen Buch „Die Bewerbung" weitgehend wörtlich mit der Erstauflage von 1975/ 76 übereinstimmt. Lediglich einige heute als veraltet geltende Passagen

---

[70] Meines Erachtens ist die Auffassung von de la Blanchardière/ Bonnin-Kerjean, es gebe bestimmte „principes indémodables" (de la Blanchardière/ Bonnin-Kerjean 1994: 6) falsch.

wurden aktualisiert. Während Manekeller der Einbeziehung von Frauen 1975/76 noch etwas skeptisch gegenübersteht[71], erkennt er 1990/1991 klar an, dass die Normen sich gewandelt haben[72]. Analoges Beispiel: 1975/76 hält Manekeller noch sowohl ein Ausrufungszeichen wie auch ein Komma für vertretbar (Manekeller 1975/76: 41); in den neunziger Jahren ist das Ausrufungszeichen seiner Ansicht nach unüblich geworden: „Das Ausrufezeichen ist zwar nicht verboten, aber es hat weitgehend ausgedient" (Manekeller 1990/91: 39; vgl. Coelius 1987: 51 und Coelius 1994: 5; Nimmergut/Krüger 1992: 118). Tatsächlich taucht es auch nur einmal im Corpus auf.

Ganz analog dazu gab es bei den Grußformeln eine Entwicklung von den heute als veraltet geltenden Formen „Hochachtungsvoll" (Manekeller 1990/91: 62; Coelius 1994: 46), „Mit vorzüglicher Hochachtung", „Mit verbindlicher Empfehlung", „Mit bester Empfehlung", „Mit dem Ausdruck vorzüglicher Hochachtung" (Manekeller 1990/91: 62), „Mit verehrter Hochachtung" (Coelius 1994: 46) zu dem heute üblichen „Mit freundlichen Grüßen"[73]. Manekeller (Manekeller 1990/91: 62) schlägt zwar alternativ „Mit freundlichem Gruß", „Freundliche Grüße" oder „Mit besten Grüßen" vor, diese Variationsversuche aber sind im Corpus äußerst selten. Nur zwei Bewerber ziehen „Mit freundlichem Gruß" dem üblichen Plural vor. Auch die früher als elegant geltende Verknüpfung des Texts mit der Grußformel über die Brücke „verbleibe ich[74]" wird heute als „umständlich, unnatürlich und veraltet" interpretiert (Manekeller 1990/91: 62; Manekeller 1995:64). Sie taucht allerdings noch sechsmal im Corpus auf.

---

[71] „Wir dürfen annehmen, dass Bewerbungen durch mehrere Hände gehen. Damit ist der Plural 'Herren' berechtigt. (...) Mehr und mehr wird auch die Anrede 'Sehr geehrte Damen und Herren' benutzt. Es ist nicht leicht, in dieser Frage eine Entscheidung zu treffen; vor allem gibt es kein Patentrezept. Folgen Sie also Ihren Überlegungen und Ihrem Geschmack" (Manekeller 1975/ 1976: 40).
[72] „Wir dürfen annehmen, dass Bewerbungen durch mehrere Hände gehen. Damit ist die Mehrzahl 'Herren' berechtigt. Aber müssen die 'mehreren Hände' stets Männern gehören? Nein. Und wenn eine Frau mitentscheidet, ist es bestimmt nicht angebracht, sie schon mit der Anrede zu ärgern. Also: Sehr geehrte Damen und Herren, Diese Anrede ist üblich geworden." (Manekeller 1990/ 91: 39; identisch in: Manekeller 1995: 39).
[73] Auch hier gibt es allerdings Autoren, die sogar 1992 neben „Mit freundlichen Grüßen" noch „Mit freundlicher Empfehlung" und „Hochachtungsvoll" als „unverfänglich" akzeptieren (Nimmergut/Krüger 1992: 118) und andere, die schon 1970 von „Hochachtungsvoll" abraten (Hofstetter 1970: 62).
[74] Vgl. dazu das folgende positiv evaluierte Beispiel aus Born 1982 [9]1991: 136: „Ich freue mich auf Ihre baldige Antwort und verbleibe mit freundlichen Grüßen".

Untersuchungen zur Ratgeberliteratur

Dieser Prozess des Wandels verläuft jedoch äußerst langsam und wird zudem von externen Einflussfaktoren, wie z.B. Angst vor negativen Sanktionen, Höflichkeit etc. gebremst. So wird es in meinem authentischen Material bis auf sechs Ausnahmen vermieden, einen Bewerbungsbrief mit „ich" anzufangen, obwohl Manekeller (Manekeller 1990/91: 41) behauptet, diese alte Regel habe ihre Geltung verloren; wenn ein solcher Anfang inhaltlich das einzig Sinnvolle sei, brauche „ich" bzw. „wir" nicht versteckt zu werden. Gegen manche Ratgebervorschriften sind die Schreiber also „immun". Dies beweist, dass präskriptive Regeln ihr Ziel verfehlen, wo der Sprachwandel nicht „von innen" kommt. Beispiel: Trotz der großen Widerstände seitens der Dudenredaktion hat sich der Gebrauch des Dativs nach der Präposition „wegen" so sehr eingebürgert, dass er jetzt auch offiziell „genehmigt" und dadurch nachträglich legitimiert wurde. Ist jedoch **sozialer Druck** spürbar, geht Sprachwandel relativ schnell vonstatten: Das seit dem zweiten Weltkrieg mit negativen Konnotationen verbundene Wort „Führer" ist inzwischen fast völlig aus dem Sprachgebrauch verschwunden - eine Entwicklung, die sich ohne jeden Ratgeber oder Duden vollzogen hat.

Falls sozialer Druck fehlt, neigen die Sprachteilhaber (je nach Charakter) dazu, am Bekannten festzuhalten und nehmen dafür sogar sprachliche Uniformität in Kauf. Ein Ausscheren aus dem Schema ist offensichtlich nur dann möglich, wenn der Schreiber ein hohes Bewusstsein für Formelhaftigkeit entwickelt hat und bewusst versucht, die Formel aufzulösen: Jede Abweichung spiegelt zugrundeliegende Regeln wider, d.h. Kreativität setzt Formelkenntnis voraus (vgl. Gülich i. Ersch.: 28; Kapitel 7.5.).

7. KREATIVITÄT - ODER: DER VERSUCH DER FORMELAUFLÖSUNG

„An der Einreichung einer sogenannten Bewerbung habe ich kein Interesse, sondern bin nur daran interessiert, meine Unterlagen persönlich vorzulegen. Falls ich kurzfristig von Ihnen nichts höre, ist mein Angebot nicht mehr aktuell" - hier zitieren Nimmergut/Krüger aus der authentischen (!) Bewerbung eines Diplom-Ingenieurs (Nimmergut/Krüger 1992: 115).
Unabhängig von der Situationsangemessenheit und der persönlichen Einstellung zu solchen Formen des *hard sells*, lässt sich an diesem Beispiel sehr gut demonstrieren, dass sich der Bewerber *bewusst* über die Normen hinwegsetzt und kreativ damit umgeht. Wenn hier von Kreativität die Rede ist, dann ist das alltagssprachliche Verständnis gemeint, nach dem „kreativ" weitgehend synonym mit „schöpferisch" (DUDEN 1996: 434; vgl. auch Ullrich 1995: 201) verwendet wird. Angewandt auf Bewerbungen bedeutet Kreativität bzw. Originalität also Individualität und funktioniert demgemäß als Antonym zu „Standard, Serie oder Abgeschriebene[m]" (Oppermann-Weber 1993: 165). Gegenüber diesem alltäglichen Verständnis hat der Begriff im Rahmen der generativen Grammatik, die versucht, die Kompetenz des idealen Sprecher-Hörers abzubilden, eine Neudeutung erhalten. Chomsky sieht Kreativität als Fähigkeit, neue Sätze zu bilden und ihnen lexikalisch und syntaktisch eine individuelle Gestalt zu geben. Von diesem Kreativitätsbegriff möchte ich mich distanzieren, denn Kreativität erfordert meiner Ansicht nach mehr als die bloße Ausschöpfung eines mental repräsentierten Regelsystems. Würde man Generativität und Kreativität weitgehend gleichsetzen, so dürfte jeder Regelverstoß, wie z.B. in der Werbung, nicht mehr als Kreativität bezeichnet werden. Ferner gäbe es ein Erklärungsdefizit für Idiome, da diese nicht syntaktisch rekonstruierbar sind und ihre Gesamtbedeutung nicht der Summe der Einzelbedeutungen entspricht. Um auf die Klassifikation mittels distinktiver Merkmale verzichten zu können, wähle ich einen Erklärungsansatz mit Hilfe der Prototypensemantik. Für mich lässt sich Kreativität definieren als bewusste, möglichst weite Abweichung vom Prototypen - allerdings mit der Einschränkung, dass der der Abweichung zugrundeliegende Prototyp noch

Kreativität - oder: der Versuch der Formelauflösung

erkennbar sein muss. Ist der *type*, auf den sich die Kreativität bezieht, nämlich nicht rekonstruierbar, so wird das *token* nicht mehr als Repräsentant seines *types* interpretiert. In einem Beispiel meines Corpusmaterials rekurriert der Bewerber zwar auf eine fremde Textsorte, aber durch den extralinguistischen Kontext wird der Personalchef das Rätsel nicht als *token* des *types Rätsel* interpretieren, sondern als *token* des *types Bewerbung*.
Um Kreativität linguistisch zu beschreiben, könnte man also das Konstrukt des „Antitypen" (als Gegenbegriff zum „Prototypen") entwerfen, der sich beschreiben ließe als derjenige Vertreter seiner Kategorie, der möglichst *wenige* der hervorstechenden Eigenschaften seiner Kategorie in sich vereinigt. Ein solcher Antityp zum *type Bewerbung*, ließe sich jedoch aufgrund seiner abstrakten Eigenschaften nur sehr schwer charakterisieren. Man könnte sich ihm lediglich annähern, indem man diejenigen *Samples* zur Beschreibung heranzieht, die dem Prototypen am wenigsten ähneln.

7.1. TYPOLOGIE DER KREATIVITÄT: VERFAHREN BEI DER FORMEL-AUFLÖSUNG

Die Ressourcen für Kreativität sind äußerst vielfältig, und es erscheint mir lohnenswert, die Quellen für Kreativität einmal zu systematisieren. Stein beispielsweise hält die folgenden Kategorien fest:

- Variation fester Wortverbindungen -> morphosyntaktische und lexikalische Veränderungen einer Wortverbindung (Stein 1995: 117)
- Ableitung neuer, fester Wortverbindungen -> z.B. „in die Augen fallen > augenfällig" (ibid.: 117)
- Abwandlung von Formeln und festen Wortverbindungen -> z.B. „Übung macht den Meister" > „Quattro macht den Meister" (ibid.: 118)
- Kreativität als Reliteralisierung -> z.B. „Sie werden Ihr blaues Wunder erleben" - Werbung für eine blaue Umhängetasche (ibid.: 119)
- formelhafte Strukturen mit Leerstellen -> z.B. „um das einmal/nochmals/an dieser Stelle/in diesem Zusammenhang/klipp und klar/in aller Deutlichkeit ... zu sagen" (ibid.: 121)
- kontaminierte Wendungen -> z.B. „etwas hinterleuchten" > hinterfragen/ durchleuchten (ibid.: 122)

Meiner Ansicht nach kann diese Kategorisierung noch um einige Aspekte ergänzt werden. Im weiteren unterscheide ich drei Typen von Kreativität, nämlich

1) **Auflösung des Mediums** (verfahrenstechnische Kreativität; vgl. Kapitel 7.1.1.),
2) **Auflösung des Standard-Layouts** (vgl. Kapitel 7.1.2.) und schließlich
3) **Auflösung des Formulars „Anschreiben"**, also Kreativität, die den Text an sich betrifft (vgl. Kapitel 7.1.3.).

7.1.1. AUFLÖSUNG DES MEDIUMS

Da alternative Bewerbungswege (= Kreativitätstyp 1) nur ein Randbereich meiner Arbeit sind, möchte ich hier lediglich kommentarlos einige Beispiele anführen:

- Übergabe einer Brieftaube mit einer Antwortkapsel, in der lediglich zwei Antwortmöglichkeiten vorgesehen waren:
  1. Ich bin gerne bereit, Sie am __ um __ zu empfangen
  2. Ich halte Sie für einen geistlosen, eingebildeten und ziemlich unangenehmen Zeitgenossen und ich bin unter keinen Umständen für Sie zu sprechen (Zeitungsbericht zitiert nach Kratz 1993: 76)
- Bewerbung auf einer Plakatwand in der Hamburger Innenstadt (Kratz 1993: 76)
- ein beschriebener Luftballon (Ullrich 1995: 205)
- Papierflieger für eine Bewerbung bei einer Fluggesellschaft (ibid.)
- Bewerbung auf lila Papier im Falle eines großen Schokoladenherstellers (Fassbender 1994: 120)

Im Bestreben, die aus der brieflichen Kommunikation entstehende Distanz zu überwinden, weichen besonders fortschrittliche Zeitgenossen schon jetzt auf andere Medien aus und drehen „Videoclip[s] in eigener Sache" (Schillinger 1995: 212). Dieses Verfahren - „Selfcasting per Videotape" - , das in Deutschland noch relativ unbekannt, in den USA aber schon weit verbreitet ist (vgl. Staufenbiel 1995: 103), wird nach Expertenmeinung schon um die Jahrtausendwende einen Anteil von etwa 30% der Bewerbungen ausmachen (Schillinger 1995: 222). Mittlerweile werden Bewerbungsvideos, die alle wesentlichen Punkte des Vorstellungsgesprächs vorwegnehmen, auch von Personalagenturen angeboten; allerdings sind die Kosten eines Videos noch sehr hoch[75]. Dies ist nicht der einzige Bereich, in dem neue Technologien den Bewerbungsvorgang beeinflussen. Neben der FAX-Bewerbung (Rebondir 1996: 30) setzt sich auch die Internet-Bewerbung durch. Seit dem 30.8.1996

---

[75] „Im Frühjahr 1993 waren im Stellenteil der Süddeutschen Zeitung die ersten Ausschreibungen zu sehen, in deren Text es in etwa lautete: 'Bewerbungen bitte mit den üblichen Unterlagen, auch Videos (VHS) an...'" (Schillinger 1995: 213).

Kreativität - oder: der Versuch der Formelauflösung

kann jeder Interessierte im Netz „surfen", dort Stelleninserate[76] studieren und seine eigenen Unterlagen im Netz abspeichern. Und analog zur Video-Bewerbung prognostizieren die Experten, dass die Bedeutung dieser neuen Form in den nächsten Jahren explodieren wird (Rebondir 1996: 10). Selbst bei traditionellen Anschreiben fällt schon heute auf, dass die Adresse des Bewerbers häufig durch eine E-Mail Adresse ergänzt wird.

7.1.2. AUFLÖSUNG DES STANDARD-LAYOUTS

Unter Auflösung des Standard-Layouts oder gestalterischer Kreativität (= Kreativitätstyp 2) verstehe ich Abweichungen im Layout von der DIN-Norm. In diese Kategorie fallen sowohl *Samples* mit auffälliger Typographie wie auch *Samples* mit Bildelementen:

- Druck der Bewerbung auf die Kopie einer Geldnote bei der Bewerbung in einer Bank (Ullrich 1995: 206)
- Abdruck einer Hand (Reinartz 1994: 215)
- Karikatur (Reinartz 1994: 212)
- „Unitec - find ich gut" Männchen (Ullrich 1995: 208)

7.1.3. AUFLÖSUNG DES FORMULARS „ANSCHREIBEN"

Die dritte Kategorie ist wesentlich komplexer als die beiden ersten, denn sie besteht aus mehreren Unterkategorien: a) Entweder ist die Kreativität nur „punktuell", d.h. einzelne semantische Komponenten sind originell gestaltet, aber der Rest des Anschreibens ist prototypisch realisiert oder b) die Kreativität ist „Baustein-übergreifend", i.e. der ganze Text ist „antitypisch" bzw. originell realisiert. Die *Samples* des Kreativitätstyps 3a) bzw. 3b) wiederum lassen sich weiter aufteilen in sprachliche und inhaltliche Kreativität:

Beispiele	punktuelle Kreativität (kreative Ausgestaltung einer semantischen Komponente)	satzübergreifende Kreativität (kreative Gestaltung des ganzen Textes)
sprachliche Kreativität	z.B. kreative Gestaltung des Anlagenverweises	z.B. Rekurs auf andere Textsorten
inhaltliche Kreativität	z.B. Bewerbung für Auslandstätigkeit	z.B. „Spiegeln" der Anzeige

---

[76] 01 Informatique, l'Express und L'Usine Nouvelle.

Kreativität - oder: der Versuch der Formelauflösung

Kreativität ist dabei häufig nur schwer von normabweichenden Formulierungen zu unterscheiden, denn die Grenzen zwischen diesen beiden Polen sind fließend. Ohne also zu werten, ob es sich um *gelungene* oder *miss*lungene Abweichungen handelt, möchte ich im folgenden einige markierte Verbalisierungen kategorisieren.

Sprachlich-kreative Realisierung einer semantischen Komponente

- **Einleitung**
  - „in unserem interessanten Gespräch auf der Hannover Messe am Montag, den 22.4. stellten Sie auf anregende Weise das Tätigkeitsfeld für einen Ingenieur der___ in Ihrem Betrieb dar"
  - „Nous avons un point commun: notre goût pour le sport"
- **Anlagenverweis**
  - „Afin de mieux faire ma connaissance, je vous invite à lire mon Curriculum Vitae"
  - „Auf Grund meiner Erfahrungen in Kanada habe ich das Resumée im nordamerikanischen Stil gestaltet"
- **Lob des Firmenimages/flatterie**
  - „Unitec - find ich gut" in Anlehnung an den Slogen „Otto - find ich gut" (Ullrich 1995: 208)
- **Profilabgleich**
  - „ich möchte mich vorstellen als die verantwortungsbewußte und engagierte ___, die Sie für (...) suchen"
  - „Gesucht wird....Garantiert wird..."
- **Einstellungstermin/Gehaltswunsch/Kündigungsmodalitäten**
  - „Einstellungstermin und Gehaltswunsch zu vereinbaren. Kündigungszeit: Ein Monat zum Monatsende. Ungekündigtes Arbeitsverhältnis"
- **Bitte um ein Vorstellungsgespräch**
  - „Faire preuve de mes compétences au travers d'un courrier n'est pas chose facile, aussi le mieux ne serait-il pas que nous nous rencontrions?"
  - „Ma motivation va bien au delà de ces quelques lignes et j'espère vous en convaincre lors d'un prochain entretien"
  - „A votre demande je vous ferais parvenir une lettre manuscrite, mais mieux que par écrit c'est de vive voix que je me propose de vous fournir de plus amples renseignements"

Den nun folgenden Beispielen für punktuelle Kreativität auf inhaltlicher Ebene ist gemeinsam, dass neben den prototypischen semantischen Komponenten eines Bewerbungsbriefes (vgl. Kapitel 4.1.3.) zusätzlich eine weitere antitypische Komponente realisiert wird, die manchmal mit der außergewöhnlichen Lage des Bewerbers zusammenhängt oder in der metadiskursive Kommentare gegeben werden.

Kreativität - oder: der Versuch der Formelauflösung

1. **Außergewöhnliche Lage des Bewerbers:**
   - Empfehlung: „sur les conseils de Monsieur___ (...) je me permets de vous adresser la présente demande
   - Bewerbung aus dem Urlaub: „Etant actuellement en une thermale à __, je profite de l'occasion pour effectuer des démarches de recherche d'emploi"
   - Angebot, den Umzug auf eigene Kosten durchzuführen
   - Hinweis auf Augenleiden
   - Hinweis auf beiliegende Firmenbroschüre des derzeitigen Arbeitgebers
   - Hinweis auf inoffizielles Prüfungsverfahren
   - Hinweis auf Staatsangehörigkeit der Frau
   - „Bonne fête de fin d'année"

1. **Vorwegnahme der Leserreaktion**
   - „Es gibt drei mögliche Reaktionen, die ich ins Kalkül gefasst habe" (Wucknitz 1994: 73)
   - rhetorische Fragen: „Wollen Sie darunter leiden, obwohl Sie sich gerade jetzt für höhere Aufgaben profilieren können?" (Reinartz 1994: 203)

1. **Zitieren von Sprüchen und Witzen/Literaturzitate**
   - Sprüche: „soziale Herkunft ist Intelligenz" (Reinartz 1994: 202)
   - Witze (Reinartz 1994: 212)
   - „Ein großer Genius bildet sich durch einen anderen großen Genius, weniger durch Assimilierung als durch Reibung. Ein Diamant schleift den anderen" (Heinrich Heine) (Reinartz 1994: 205)

1. **Überhebliche Bemerkungen**
   - „Sollten Sie allerdings der Ansicht sein, auf meine Mithilfe verzichten zu können, so geben Sie mir bitte baldmöglichst Bescheid. Wenn nicht Sie, dann warten andere auf meine Hilfe" (Reinartz 1994: 203)
   - „Schade, Sie lassen eine gute Chance aus" (Reinartz 1994: 210)
   - „(...) da ich Ihnen die Chance geben will..." (Reinartz 1994: 201)

Anders als die soeben beschriebene punktuelle Kreativität existiert satzüberschreitende Kreativität fast ausschließlich in der Ratgeberliteratur. Die oben herausgearbeitete Unterscheidung zwischen sprachlicher und inhaltlicher Originalität lässt sich aber auch hier wieder festmachen:
Ein Beispiel für satzübergreifende Kreativität auf inhaltlicher Ebene ist das „Spiegeln" der Annonce. Fleury schlägt z.B. vor, auf die Anzeige „Recherchons analyste-programmeur, 5 ans d'expérience, ayant travaillé sur CYBER 2000..." zu antworten. „Je suis analyste-programmeur et j'ai quatre années d'expérience, essentiellement sur site d'exploitation. Je connais bien le CYBER 2000 pour avoir..." (Fleury 1995: 33; vgl. auch Burhorn 1995: 139).

Kreativität - oder: der Versuch der Formelauflösung

Unter linguistischen Gesichtspunkten jedoch ist die sprachliche Kreativität auf Textebene am interessantesten, da hier teilweise die textsortentypischen Charakteristika aufgelöst werden:

1. **Rekurs auf andere Textsorten**
   - Imitation des Anzeigenstils
   -> in Beetschen (Beetschen 1995: 180) wird die Struktur von Anzeigen des Typs „Wir sind ein ... Unternehmen und suchen... Sie haben ... Jahre Erfahrung im Bereich...." imitiert. Die Struktur „Ich.... - Sie...." wird rekursiv wiederholt
   - Märchen (Burhorn 1994: 143)
   - Reisebericht (Wucknitz 1994: 74)
   - fiktives Interview (Ullrich 1995: 209, Reinartz 1994: 216)
   - fiktive Auktion : „ich biete..." (Reinartz 1994: 210)

1. **Anspielungen auf Redensarten:**
   - „Da steh ich nun, ich armer Tor und bin so klug als wie zuvor", „Nur wer strebend sich bemüht, den können wir erlösen", „Klappern gehört eben auch bei Dichtern zum Geschäft", „des Pudels Kern sein" (Reinartz 1994: 207)

1. **Ungewöhnliche Syntax**
   - Bandwurmsatz (Reinartz 1994: 208)
   - Telegrammstil (Reinartz 1994: 213)

ZWISCHENBILANZ: Aus der Vielzahl der auffälligen Beispiele lassen sich nun zusätzlich zu Steins Kategorien die folgenden Quellen für Originalität von Bewerbungen ableiten:

- Auflösung des Mediums „Brief"
- Anspielungen auf die Branche (z.B. Papierflieger) oder auf das Unternehmen/ Firmenlogo (z.B. Unitec)
- Einbeziehung des situativen Kontexts (z.B. Neujahrsgruß)
- Literaturzitate und Anspielungen auf Sprichwörter und Redensarten
- Markierter Satzbau (z.B. Bandwurmsätze)
- Anlehnung an Werbeslogans (vgl. „Otto - find ich gut")
- Rekurs auf andere Textsorten

7.2. IST KREATIVITÄT KREATIV?

Schaut man sich die Beispiele zu den verschiedenen Kreativitätstypen an, so fällt zunächst auf, dass die meisten deutschen Beispiele der Ratgeberliteratur entnommen sind, was auf ein erhebliches „Theorie-Praxis-Gefälle" schließen

Kreativität - oder: der Versuch der Formelauflösung

lässt. Bemerkenswerterweise habe ich im authentischen Material nur fünf Bewerbungen gefunden, die völlig aus dem Rahmen fallen und den in der Literatur beschriebenen Mut zeigen, nämlich 1) die Bewerbung einer Raumdesignerin, die ihre Bewerbung auf eine Folie kopiert und mit Bildern unterlegt hat, 2) die Bewerbung einer „Aussteigerin", die den Prozess ihrer Selbstfindung beschreibt, 3) die Kurzbewerbung einer Französin, die sich auf Paul Valéry bezieht [„'Ecrire, c'est prévoir', disait Paul Valéry. Prévoir qu'il y aura à l'avenir un poste au sein de vos services pouvant correspondre à mon profil professionnel"] und 4) die interessante Aufmachung einer Kurzbewerbung mit Rückantwortschein.

Verfahrenstechnische und satzübergreifende, sprachliche Kreativität sind demzufolge in der Praxis - zumindest für die **nicht** aus der Werbebranche stammenden *Samples* meines Corpusmaterials - inexistent und können im folgenden unberücksichtigt bleiben. Gleiches gilt auch für punktuelle Kreativität auf inhaltlicher Ebene. Als Ausnahmen könnte man lediglich die Beispiele der Liste „außergewöhnliche Lage des Bewerbers" anführen. Ich bezweifle jedoch, dass der Terminus „Kreativität" hier wirklich angemessen ist, denn: Wenn ein Bewerber keine Formel benutzt, um z.B. auf ein Augenleiden oder ein inoffiziell laufendes Prüfungsverfahren hinzuweisen, so liegt dies sicher nicht daran, dass der Bewerber kreativ sein wollte, sondern daran, dass er etwas formulieren musste, wofür keine Formel existiert.

Bezüglich der satzübergreifenden Kreativität auf inhaltlicher Ebene muss angemerkt werden, dass auch die Strategie der Anzeigenspiegelung nicht *wirklich* originellen Charakter hat. Insbesondere in Frankreich wird die Notwendigkeit der Adressatenorientierung und die Regel, die Unternehmensbedürfnisse an die erste Stelle zu rücken, immer wieder betont. Viele Bewerber stellen Le Bras' Rat folgend[77] minutiös ihre eigenen Qualifikationen dem gesuchten Bewerberprofil gegenüber.

Bei einer Initiativbewerbung hat der Bewerber die Aufgabe, die geforderten Qualifikationen zu antizipieren: „C'est donc sur cette concordance entre un besoin pressenti et votre offre de service que vous allez jouer" (de la Blanchardière/Bonnin-Kerjean 1994: 161, vgl. ibid.: 163). Dies setzt eine genaue Auseinandersetzung mit der Stelle voraus, die sowohl bei einem

---

[77] „(...) faites ressortir l'adéquation de votre profil avec celui du candidat recherché. Reprenez point par point les éléments de l'annonce" (Le Bras 1994: 26; vgl. Fleury 1995: 15).

Kreativität - oder: der Versuch der Formelauflösung

Rücklauf auf eine Annonce wie auch bei einer Initiativbewerbung aus der Versprachlichung hervorgehen sollte:

- Mon expérience d'ingénieur de production chez Sopad-Nestlé devrait intéresser votre entreprise à ce stade de démarrage de votre nouvelle usine de conditionnement (Monnet 1994: 59).
- Mes compétences me semblent répondre aux critères requis pour ce poste, car j'ai commencé ma carrière comme dessinateur dans un bureau d'études avant d'occuper un poste de technico-commercial chez un sous-traitant de la construction automobile (de Visme/Colombat 1993: 137).

Es ist kein Zufall, dass die zitierten Beispiele aus der Literatur dem französischen Sprachraum entstammen. Auch im authentischen Material spielt der Baustein „Profilabgleich[78]" in Frankreich eine größere Rolle als in Deutschland, woraus ich schließe, - ohne die Liste der Nationalstereotype verlängern zu wollen - dass in Frankreich seitens der Personalchefs die Erwartungshaltung besteht, dass die Bewerber sich eingliedern und sich an die jeweiligen Anforderungen anpassen, während deutsche Personalchefs größeren Wert auf Selbständigkeit der Bewerber legen und sich mit dem formelhaften Satz begnügen: „Ich bin sicher/Ich bin überzeugt/Ich glaube, den Anforderungen gerecht zu werden". Im gleichen Atemzug mit der Kampagne für maßgeschneiderte Bewerbungen wird aber auch davor gewarnt, die Wortwahl des Stellenanbieters identisch zu übernehmen, denn durch eigene Worte könne beim Empfänger wesentlich mehr Aufmerksamkeit geweckt werden als durch Texte, die der Personalverantwortliche ohnehin auswendig kenne (vgl. Fassbender 1994: 119).

In engem Zusammenhang mit dem, was ich „Profilabgleich" genannt habe, steht das sogenannte PACING. Angewandt auf das Thema Bewerbung bedeutet dieses aus der Kommunikationstheorie des Neurolinguistischen Programmierens übernommene Konzept des Pacings [= „Schritt halten mit" (Burhorn 1994: 137)], dass der Bewerber versucht, die Denkstruktur des Personalverantwortlichen zu antizipieren, sich auf Werbekampagnen des Unternehmens einzulassen, sich auf Presseberichte zu beziehen, Schlüsselbegriffe der Anzeige aufzunehmen oder das Unternehmenslogo zu interpretieren, um so die vom Unternehmer eingeworfenen Bälle aufnehmen

---

[78] Vgl. de la Blanchardière/Bonnin-Kerjean 1994: 155; Fleury 1995: 15, 16; Gabay 1991: 339 ff.; Huguet 1985: 161; Le Bras 1994: 9, 26, 27; Neubarth 1985: 49; Rebondir 1996: 111.

Kreativität - oder: der Versuch der Formelauflösung

und zurückspielen zu können[79]. Gabay nennt dieses Phänomen „reziproke Kommunikation": „utiliser la même démarche mentale que le recruteur, afin qu'il y ait un échange d'informations utilisables entre le candidat et son employeur éventuel" (Gabay 1991: 343)[80]. Hier geht es also nicht um den Bezug zur Stelle und ihren Anforderungen, sondern um den Bezug zur Unternehmensphilosophie: „Personnalisez vos lettres: faites un accroche en rapport avec la société à laquelle vous écrivez" (Fleury 1995: 34).
Zusammenfassend: Die Maxime, möglichst genau auf Unternehmen und Anzeige einzugehen, ist nicht wirklich kreativ, sondern eigentlich Bestandteil der Formel „Bewerbungsbrief".
Die kreative Ausgestaltung *einer* semantischen Komponente (lokale Kreativität) ist der einzige im *authentischen* Material häufig benutzte Kreativitätstypus, aber auch hier sind wieder die gleichen Vorbehalte anzumerken: Die jeweiligen Formulierungen sind nicht so textsortenfremd, dass man sie isoliert betrachtet nicht mehr als Element des *types Anschreiben* erkennen würde. Unter dieser Prämisse stellt sich die Frage, ob es nicht angemessener ist, statt von Kreativität bescheidener von „Kreativität*streben*" zu sprechen.
Vergleicht man deutsche und französische Ratgeber in ihrem Kreativitätsverhalten, so fällt auf, dass deutsche tendenziell Kreativität gegenüber aufgeschlossener sind, zumindest werden die deutschen Bewerber stärker als die französischen immer wieder ermuntert, über die Formel hinauszugehen:

- Am Ende haben wir viel korrigiert und verändert mit dem Ergebnis, dass das Anschreiben nur allzu oft den bereits erwähnten Standardrichtlinien entsprach (...). Der entscheidende Unterschied zwischen der 'Stangenware' und Anschreiben, die kreativ die Verbindung zwischen Stelle, Person und Bewerbungsunterlage herstellen, liegt darin, über die Norm hinauszugehen (Hinz 1995: 59).
- Ergreifen wir die Gelegenheit beim Schopf, den 'gelangweilten" Personalverantwortlichen wachzurütteln (...). Kein Versuch sollte unterlassen, kein Risiko gescheut werden (Hinz 1995: 75).

---

[79] „Gespielte Synchronisation als Beispiel optimalen Rapports, eines harmonischen Beziehungsmusters. Hier stimmte, wie man alltagssprachlich sagt 'die Chemie', hier kommunizieren beide auf derselben 'Wellenlänge' (...) Für eine optimale Bewerbung gilt es, sich so gut wie möglich auf seine Gegenüber zu 'kalibrieren', um eine gemeinsame 'Wellenlänge' zu finden und damit das Fundament für eine gute Beziehungsebene zu legen" (Burhorn 1994: 137; vgl. Fassbender 1994: 115 und Schmidt/Enns 1994: 93).
[80] Vgl. de la Blanchardière/Bonnin-Kerjean 1994: 144; Duhamel/Lachenaud 1995a: 17; Harmsen 1989: 46; Hinz 1995: 60; Huguet 1985: 161; Kreklau 1986: 71; Kuron 1993: 188; Le Bras 1994: 16; Lorenz 1995: 52; Postel 1994: 16; Rebondir 1996: 9, 111.

Kreativität - oder: der Versuch der Formelauflösung

In Frankreich werden die vorsichtigen Ermunterungen von Gérard et al. „Vous pouvez aussi être original" (Gérard et al. 1992: 72) und Leiritz „Votre CV peut être original" (Rebondir 1996: 30), sowie der Hinweis, ein Personalverantwortlicher werde einer originellen Bewerbung in der Regel mehr Aufmerksamkeit widmen (Leiritz 1996: 29), oft durch vorhergehende, eindringliche Warnungen relativiert:

- Si cette originalité ne reflète pas une compétence particulière, vous jouez avec le feu (...) vous risquez d'agacer votre lecteur (Leiritz 1996: 28)
- Suivez donc quelques règles élémentaires (Gérard et al. 1992: 72)
- De plus, dans ce cadre, 'original' ne doit surtout pas signifier 'bizarre', mais, au contraire, 'authentique, personnel' (de la Blanchardière/Bonnin-Kerjean 1994: 147[81]).

Leiritz fasst zusammen, was implizit in allen Warnungen mitschwingt: „Un recruteur recherche des compétences, pas forcément un esprit créatif"(Rebondir 1996: 29). In diesem Satz deutet sich an, dass Kreativität kein universell akzeptierter Wert ist[82] bzw. dass die Frage, ob sich Kreativität immer lohnt, nicht eindeutig beantwortet werden kann (vgl. Andersch in einem Zeitungsartikel der NW vom 5.2.1994, zitiert nach Burhorn 1994: 126). Mit ähnlicher Intention stellen Duhamel/Lachenaud fest, dass zuviel Originalität einem Bewerber eher vorgeworfen würde als zuviel Formelhaftigkeit: „Par ailleurs, si la sobriété et le clacissisme ne vous seront jamais reprochés, on ne vous pardonnera jamais l'audace si on la juge mal maîtrisée ou de mauvais goût" (Duhamel/Lachenaud 1995b: 135). Der Bewerber befindet sich also ständig in einem Balanceakt zwischen Kreativität und Formelhaftigkeit. Einerseits muss er beweisen, dass er die Formel beherrscht (denn Formelbeherrschung ist ein Indiz für Kompetenz, und primäres Ziel von Bewerbungsunterlagen ist es, Kompetenz zu zeigen), andererseits möchte er aber Interesse wecken und Aufmerksamkeit auslösen (was er in der Regel nicht durch eine klassische Bewerbung erreichen kann)[83]. Für diese Gratwanderung zwischen „kreativ-individueller" und „formelhaft-kollektiver Lösung" (Stein 1995: 125) bzw. zwischen „Werben" und „Sich Zurückziehen" (Burhorn 1994: 141), bzw. zwischen Originalitätsstreben und Konventionenbeachtung gibt es kein Patentrezept. Auch die Autoren sind sich dessen bewusst, dass rituelle Sprachverwendungsweisen und Kreativität in einem

---

[81] Vgl. auch Nuq 1991: 69.
[82] Diese Idee verdanke ich E. Gülich.
[83] Vgl. Staufenbiel 1995: 70.

dialektischen Verhältnis zueinander stehen und warnen davor, ins eine wie auch ins andere Extrem zu verfallen:
> Hier liegt die Chance, aber auch die Gefahr origineller Unterlagen. Denn eine 'besondere' Bewerbung kann auch schnell ins Eigentümliche abgleiten (Ullrich 1995: 201).

Es wird schnell deutlich, dass der Prozess der Texterstellung von Risikofreude und Persönlichkeit des Bewerbers genau so beeinflusst wird (Bewerben ist Charaktersache) wie durch die erwartete Reaktion des Rezipienten (Bewerben ist Geschmacksache): „Was der eine als besonders originell empfindet, kann dem anderen negativ auffallen (...): Extravagantes findet oft nur in einer kleinen Zielgruppe Zuspruch und wirkt besonders deplaziert, wenn es nicht zum Typ oder zum Anlass passt" (Postel 1994: 18).

Deshalb distanzieren sich einige Autoren explizit von den antypischen Anschreiben, die sie vorstellen, indem sie warnen, die Beispiele seien eher zum Schmunzeln gedacht, denn zur Nachahmung empfohlen. Offensichtlich hatten selbst die Autoren Schwierigkeiten, authentische Beispiele für ihre Zitate zu finden.

Zusammenfassend lassen sich drei Punkte festhalten: 1) Kreativität ist ein Theoriephänomen, 2) der Mut zum Risiko scheint in Deutschland - zumindest in der Ratgeberliteratur - größer zu sein als in Frankreich und 3) Kreativität ist Geschmacksache.

7.3. GRENZEN DER KREATIVITÄT

Wie oben angedeutet, erfordert der Gebrauch von Kreativität also ein gehöriges Maß an Fingerspitzengefühl. Bei der Abwägung, ob Originalitätsstreben angemessen ist, spielen folgende Faktoren eine Rolle:

a) die eigene Persönlichkeit: Mangelnde „Kreativitätskompetenz" kann zu lächerlichen Entgleisungen führen, wie dieser authentische Auszug aus der Bewerbung eines Promovenden verdeutlicht:

> Es ist für mich kein Würfelbecher, das Vertrauen der Schaffenden zu vertiefen... So trete ich auch jeder blöden oder gerissenen Intrige bei jedem Wind in die Segel (Zitat aus einer authentischen Bewerbung bei Nimmergut/Krüger 1992: 115).

Kreativität - oder: der Versuch der Formelauflösung

Kreativität setzt 1) Sprachkompetenz und 2) Musterwissen voraus, weshalb Hofstetter bereits 1970 warnt: „Aber Vorsicht: Nur wer die deutsche Sprache meisterhaft beherrscht, sollte einen solchen Versuch wagen" (Hofstetter 1970: 80).

b) Situationsadäquatheit: Da es extrem branchenabhängig ist, ob Phantasie erwünscht oder verpönt ist, spielt die Analyse der situativen Bedingungen eine entscheidende Rolle während des Produktionsprozesses. Was bei Umweltschutzorganisationen adäquat sein kann (z.B. Recyclingpapier) wirkt in Großbanken möglicherweise deplaziert[84].

c) das „gesunde" Maß: Manekeller unterstreicht, dass Originalität höchstens durchschimmern, nie aber wie zu dick aufgetragener Lippenstift wirken dürfe (Manekeller 1990/1991: 60). Duhamel/Lachenaud bringen die gleiche Idee auf die knappe und einprägsame Formel „savez doser l'audace pour ne pas sombrer dans le mauvais goût" (Duhamel/Lachenaud 1995b: 134; vgl. Fleury 1995: 39). Als „Fehlleistung der Arbeitskraft-Verkäufer" („Chance = Null") kategorisieren Nimmergut/Krüger beispielsweise den folgenden Auszug aus der Bewerbung um die Stellung eines Gebietsrepräsentanten für Arzneimittel: „Der flink-flotte Reisende muss das, was er Sie kostet, doppelt wert sein und dreifach wieder einbringen. Nur so wird er der Konkurrenz vielfach überlegen sein, ich meine mit der 4V-Formel, nichts verbummeln, verschlafen, verzögern, verfahren. Zur rechten Zeit am rechten Platz sein - das bin ich. Bin ich Ihr Mann?" (Nimmergut/Krüger 1992: 11).
Wo diese Grenze zur Geschmacklosigkeit jedoch anfängt, ist äußerst subjektiv und mit verobjektivierbaren, linguistischen Kriterien meines Erachtens nach nicht erfassbar.

d) Einmaligkeit: Kreativität zeichnet sich per Definition durch Einmaligkeit aus, d.h. durch Reproduktion verlieren originelle Ideen ihr Kreativitätspotenzial (vgl. Kapitel 6.3.). Antos spricht deshalb auch von einer „Inflationierung des Gebrauchs" (Antos 1982: 42). Um zu verdeutlichen, was mit dieser „Überstrapazierung von Originalitätsressourcen" gemeint ist, greife ich noch einmal auf ein Beispiel aus dem Bereich der Geburtsanzeigen zurück. Der ursprünglich als originell zu bezeichnende Reim „Von nun an gehen auf Schritt

---

[84] Vgl. Born 1982 [9]1991: 110; Duhamel/Lachenaud 1995b: 134; Monnet 1994: 62; Oppermann-Weber 1993: 167; Reinartz 1995: 202.

Kreativität - oder: der Versuch der Formelauflösung

und Tritt, zwei winzig kleine Füße mit", ruft beim zweiten oder dritten Lesen nur noch ein gelangweiltes „Schon wieder!" hervor, mit anderen Worten: Abgeschriebene Originalität ist nicht originell. So schreibt auch Fassbender: „Otto... find' ich gut - Bewerbungen oder Anschreiben auf lila Papier im Falle eines großen deutschen Schokoladeproduzenten heben sich beispielsweise sicher nicht mehr entscheidend aus der Masse der Bewerbungen hervor" (Fassbender 1994: 120).

e) Übersichtlichkeit: In Job Fit (Reinartz 1995: 202) wird eindringlich betont, dass Originalität nicht auf Kosten der Klarheit gehen dürfe. Ein Puzzlespiel beispielsweise werde auf Grund der mangelnden Übersichtlichkeit bzw. des größeren Zeitbedarfs zur Erfassung des Inhalts nur auf wenig Gegenliebe stoßen.

f) Normen (vgl. Kapitel 5.1.): Kreativitätsstreben wird ferner eingeschränkt durch pragmatische Faktoren wie „funktionale Geeignetheit, die situative/kommunikative Angemessenheit und die Sprachgebrauchsnormen" (Stein 1995: 276). Zu einer normkonformen, also prototypischen Bewerbung gehört die Beachtung bestimmter Normen, so dass bestimmte semantische Komponenten einer Bewerbung „kreativitätsunanfällig" sind. Kommunikative Konformität ist nicht per Definition schlecht: Steins Ausführungen zur Formelhaftigkeit von Danksagungen beispielsweise belegen, dass bei manchen Textsorten ein völliges Ausbrechen aus dem Schema gar nicht möglich ist (Stein 1995: 336). Selbst die größten Verfechter kreativer Anschreiben schränken ihre Aufforderung „Beschneiden Sie sich nicht" ein durch die Mahnung, die Norm nicht zu verletzen. Kreativität sei nur positiv zu bewerten, „solange Sie den vorgegebenen formalen Rahmen bezüglich Aufbau, Ansprache, Systematik und Formulierung einhalten" (Hinz 1995: 59; vgl. Neubarth 1985: 63; Born 1982 [9]1991: 109). Das fiktive, von Manekeller negativ bewertete „Hallo, da bin ich" anstelle von „Sehr geehrter Herr Doktor Leitmann" (Manekeller 1990/1991: 63) mag zwar kreativ sein, erscheint aber deutlich respektloser als die konventionelle Formel.

Kreativität - oder: der Versuch der Formelauflösung

7.4. ORIGINALITÄTSDRUCK

Unter der Prämisse, dass mit dem Gebrauch antitypischer Verbalisierungen immer die Gefahr verbunden ist, die Grenzen von Kreativität zu überschreiten, was negative Sanktionen nach sich ziehen würde, stellt sich die Frage, weshalb Bewerber trotz dieser Risiken Formeln dennoch zu vermeiden suchen. Drescher zeigt anhand von Zukunftswünschen in Absagebriefen auf, dass individuelle, persönliche Formulierungen, die über die „übliche" Realisierung hinausgehen, Respekt gegenüber dem Empfänger ausdrücken (Drescher 1994: 134). In Bewerbungsbriefen hat Originalität allerdings meiner Ansicht nach weniger das Ziel „Höflichkeit" oder „Respekt", sondern primär das der „Effekthascherei". Dieses Bestreben nach Auflösung der Formel ist einerseits mit der semantischen Entleerung formelhafter Wendungen zu begründen und andererseits durch das Postulat des Kreativitätsideals in der Gesellschaft. Nicht alle Autoren (aber manche von ihnen) sind einem regelrechten Kreativitätsfetischismus verfallen. Fassbender z.B. mahnt: „Sehen Sie das Anschreiben als schöpferische Herausforderung. Arbeiten Sie aktiv an der Ideenfindung" (Fassbender 1994: 116).

7.5. DER FUNKTIONSMECHANISMUS VON ORIGINALITÄT

Bisher habe ich Kreativitätsstreben lediglich diagnostiziert. Im folgenden bleibt zu zeigen, wie Originalität funktioniert.
Kreativen Umgang mit Phraseologismen, Anspielungen oder auch ganzen Texttypen ist gemein, dass sie nur dann erfolgreich wirken, wenn das Zugrundeliegende noch durchschimmert; d.h. die Variation darf nicht zu weit gehen, der Bezugspunkt muss immer ein erwartbares Verhalten sein (vgl. Stein 1995: 97): „Die Wirkung beruht darauf, dass die Originale für die kompetenten Sprecher trotz lexikalisch semantischer 'Verfremdung' erkennbar bleiben" (Stein 1995: 119). Gerade der Verstoß gegen textsortenspezifische Normen und Konventionen bzw. die Abweichung von dem Üblichen und Erwartbaren lasse auf Normenbewusstsein und Musterwissen schließen (vgl. Stein 1995: 328).Der normabweichende Gebrauch einzelner Konstituenten bei der Aktualisierung eines Phraseologismus im Text beeinträchtigt nicht „die Identität des Phraseologismus" an sich (Cernyseva 1984: 20). Mit anderen Worten: Das Bemühen um Kreativität im Anschreiben stellt den formelhaften

Kreativität - oder: der Versuch der Formelauflösung

Charakter der Textsorte *Bewerbung* nicht in Frage. Dieses Kapitel zu Originalität möchte ich mit den Worten Schnatmeyers aus Job Fit 8 schließen, die am Ende ihrer Ausführungen die Frage aufwirft: „Aber vielleicht kann der eine oder andere doch noch einmal prüfen, ob der Satz[85] mit seiner schlichten Einfachheit zu einigen Unternehmen passt?" (Schnatmeyer 1994: 188).

---

[85] Schnatmeyer hatte behauptet, der simple Einleitungssatz „hiermit bewerbe ich mich als... für..." falle den meisten schon gar nicht mehr ein, und wenn doch, werde er mit verächtlichem Lächeln sofort wieder von der Möglichkeitenliste gestrichen. Um diese prototypische Einleitung geht es, wenn sie in dem Zitat von „Satz" spricht.

8. DIE BEWERBUNG - EINE ZAUBERFORMEL?[86]

Wie im Titel der Arbeit angedeutet, stehen die Bewerber beim Formulierungsprozess in einem ständigem Spannungsfeld zwischen Rekurs auf Formelhaftes einerseits und Auflösung der Formel andererseits. Ein Bewerber muss sich also bewusst entscheiden, ob der sich möglichst eng an den prototypischen Bewerbungsbrief halten will, oder ob er sich möglichst weit davon entfernen möchte. Auch die Evaluation von Formelhaftigkeit in den Ratgebern ist inkonsequent, was beweist, dass auch sie sich nicht dem Dilemma zwischen Formelhaftigkeit und Kreativität entziehen können.

Die vorliegende Untersuchung hat gezeigt, dass es zwischen den beiden Polen 1) inhaltsseitig und ausdrucksseitig kreative Sprache[87] und 2) inhaltsseitig und ausdrucksseitig formelhafte Sprache[88] (die aber nur sehr selten in reiner Form in der Realität vorkommen) die folgenden Zwischenstufen existieren:

Weiterhin hat sich durch die Untersuchung herausgestellt, dass Kreativität (im alltagssprachlichen Sinne) bei Bewerbungen nur äußerst selten vorkommt, was beweist, dass Bewerber ihrem intuitiven Verständnis von Angemessenheit (in die Oper geht man nicht mit einer blauen Flickenjeans, in die Disco nicht mit Ballkleid) stärker folgen als den Normen der Ratgeberliteratur.

Besser als jedes ausformulierte Résumé es tun könnte, fassen die folgenden prototypischen Bewerbungsbriefe (= Konstrukt aus den häufigsten Formulierungen[89]) meine Arbeitsergebnisse zusammen. Diese „Zauberformel" darf jedoch nicht als Erfolgsgarantie missverstanden werden, sondern nur als statistisch häufigste Lösung. Über die Einstellungschancen ist damit nichts ausgesagt.

---

[86] Die Idee für den Titel des Schlusskapitels stammt von C. Doppler, die meinen Kurzvortrag im Rahmen der Zertifikatsübergabe von „Studierende & Wirtschaft" mit „Die Bewerbung - eine Zauberformel?" überschrieben hatte.
[87] z.B. informelles Gespräch zwischen zwei Freunden (mit Ausnahme der gesprächssteuernden Formeln).
[88] z.B. Eidesformeln.
[89] Entspricht Fettdruck im Anhang „Der Prototyp".

Die Bewerbung - eine Zauberformel?

nom, prénom
numéro d'habitation, nom de la rue
code postal, nom de la ville
numéro de téléphone

                           nom de la société
                           à l'attention de Monsieur Prototype
                           numéro d'habitation, nom de la rue
                           code postal, nom de la ville

                           Paris, le (date)

Candidature spontanée

Monsieur,

    à la recherche d'un emploi depuis (Dauer) je me permets de vous adresser ma candidature pour un poste de (Position) au sein de votre société.

    Titulaire d'un (Ausbildung) j'ai de solides connaissances en (Fach). Mon expérience professionnelle de (Dauer) m'a permis de développer de bonnes connaissances en (Bereich).

    Très motivé par (wodurch ?) je souhaite m'intégrer dans une société aussi dynamique que la vôtre. Vous trouverez ci-joint mon Curriculum Vitae qui vous permettra d'avoir plus d'informations sur mon parcours professionnel.

    Je me tiens à votre disposition pour un entretien afin de vous donner de plus amples reinseignements et je vous prie d'agréer, Monsieur, l'expression de mes salutations distinguées.

(Signature)

Die Bewerbung - eine Zauberformel?

Vorname, Name
Straße, Hausnummer
Postleitzahl, Ort
Telefon (Vorwahl, Nummer)

Ort, Datum

Firmenname
Abteilungsbezeichnung
Frau/Herrn Prototyp
Straße, Hausnummer oder Postfach

Postleitzahl, Ort

Betreffzeile

Sehr geehrter Herr Prototyp,

mit großem Interesse habe ich Ihre Anzeige in der (Name der Zeitung) vom (Datum) gelesen und bewerbe mich hiermit um die dort ausgeschriebene Stelle. Mein Studium der (Fach) an der Universität (Name der Universität) habe ich im (Monat) (Jahr) mit Erfolg abgeschlossen.

Im Rahmen meiner Praktika (wo?) konnte ich Erfahrungen in (worin?) sammeln. Seit (Datum) arbeite ich als (als was?) bei (wo?) (in ungekündigter Stellung). Ich suche nach einer beruflichen Herausforderung, in die ich mich mit Engagement einbringen kann. Ich bin überzeugt, den Anforderungen gerecht zu werden, da ich flexibel, teamfähig und verantwortungsbewusst bin.

Ich würde mich sehr freuen, wenn Sie mir die Gelegenheit zu einem persönlichen Gespräch geben.

Mit freundlichen Grüßen

(Unterschrift)

Anlagen:

Die Bewerbung - eine Zauberformel?

8.1. DIE FACHDIDAKTISCHE RELEVANZ DER ARBEIT

Hält man sich vor Augen, dass über die korrekte Verwendung von formelhaften Einheiten die Zugehörigkeit zu einer Sprachgemeinschaft belegt werden kann[90], was Coulmas als „Schibolethfunktion" bezeichnet hat (Coulmas 1985: 64), wird die fachdidaktische Relevanz der Arbeit deutlich: Unter der Prämisse, dass der Gebrauch von Routineformeln einen beachtlichen Teil sprachlicher Etikette ausmacht und dass für denjenigen, „der den richtigen Sprachgebrauch nicht beherrscht, die Teilnahme an der sozialen Interaktion in diesem Bereich erschwert oder ausgeschlossen" ist (Coulmas 1985: 69 vgl. auch Stein 1995: 16), wird es um so wichtiger für den Fremdsprachenlerner, sich nicht nur die Regeln für freie Textproduktion anzueignen, sondern auch Routineformeln und Textsortenmuster, also Textsortenkompetenz, zu erwerben.

Für den Fremdsprachenlerner können besonders prekäre Situationen entstehen, da er durch seinen Erstspracherwerb dafür sensibilisiert ist, dass zu gewissen Sprechanlässen, z.B. in Bewerbungsbriefen, die Verwendung einer Formel obligatorisch ist, er aber nicht über genug Sprachkompetenz in der L2 verfügt, um die pragmatisch übliche Formel zu kennen. Er muss *zusätzlich* zu der „Interpolationsbarriere" (den richtigen Ausdruck in der entsprechenden Situation auswählen) (vgl. Stein 1995: 110) auch noch die „Synthesebarriere" (ibid.) überwinden. Häufig ist die Kommunikation also dadurch erschwert, dass der Lerner das Formelinventar, aus dem er schöpfen kann, gar nicht kennt:

> Mit zunehmender Formelhaftigkeit wird offenbar die Orientierung in der Interaktion erleichtert, gleichzeitig aber nimmt auch die Verhaltensunsicherheit zu für den Fall, dass man die richtige Formel nicht beherrscht (Gülich i. Ersch.: 40).

So gewinnen die „Sicherheitsinseln" im Kommunikationsfluss plötzlich eine die Formulierung hemmende Komponente.

Kenntnis über Verwendungsmodalitäten sind also Bestandteil interindividuellen Sprachwissens, das unbedingt gelehrt und gelernt werden muss, da die gewählte „inhaltlich, zweckhaft und sozial bestimmte Sprachhandlungssorte" und die „Selektion und Kombination von Sprachmitteln zu Texten" in einem reziproken Verhältnis zueinander stehen (Sandig 1970: 178). Konkret: Im Zusammenhang mit einer Bewerbung wäre es nicht situationsadäquat, dem Personalverantwortlichen zu schreiben: „Wollen wir uns nicht mal 'nen bisschen zusammenhocken und schwatzen?", denn die hier gewählte

---

[90] Vgl. Gülich/Krafft i. Ersch.: 12.

Sprachvarietät ist bei weitem zu umgangssprachlich und würde den Eindruck mangelnden Respekts hinterlassen.

Unter der Prämisse, dass über Fomelbeherrschung Sprachkompetenz definiert wird, ist es erstaunlich, dass Bewerbungsbriefe kaum im Fremdsprachenunterricht thematisiert werden. Die Beschäftigung hiermit wäre durch die Richtlinien abgesichert, denn „interkulturelle Kompetenz" ist dort als Lernziel festgeschrieben (vgl. Richtlinien Französisch für die gymnasiale Oberstufe 1981: 27 ff.). Meiner Ansicht nach ist die Vermittlung der schon 1974 von Manfred Bock angestrebten, transnationalen Kommunikationsfähigkeit nur fragmentarisch, wenn sie 1) nicht über die Satzgrenze hinausgeht und 2) nicht auf fundierten Forschungsergebnissen aufbauen kann, d.h. dem Lehren interkultureller Diskurskompetenz muss eine linguistische Analyse vorausgehen. Ansonsten bleibt der von Dethloff 1992 so vehement geforderte Abbau ethnozentrischer Wahrnehmungsweisen und die Auflösung von Heterostereotypen nur Theorie.

Führt man sich die wachsende Bedeutung des multilateralen Geschäftsverkehrs und die internationale Rekrutierung von Personal im Rahmen eines vereinten Europas (sowie die sich daraus ergebene Notwendigkeit, ausländische Arbeitnehmer in die Sprachgemeinschaft zu integrieren) vor Augen, so erhält diese Arbeit auch eine gesellschaftspolitische Relevanz - insbesondere im Zusammenhang mit der von Politikern, Wirtschaftsinstituten, Arbeitgeberverbänden, Industrie- und Handelskammern, Gewerkschaften und Fachvertretern der neueren Sprachen (Dethloff 1992: 134) geforderten gesamteuropäischen Sozialisation:

> Die Erlernung und Beherrschung der Fremdsprache als Mittel der Kommunikation und des interkulturellen Handelns ist ein zentraler Topos des Anforderungsprofils an den zukünftigen 'transnationalen' Arbeitnehmer in Europa geworden (Dethloff 1992: 134).

8.2. EINIGE FORSCHUNGSDESIDERATA

Da die Arbeit an vielen Stellen noch ergänzt werden könnte, liste ich im folgenden auf, was in der Zukunft noch an Forschungsarbeit geleistet werden müsste: Man müsste mal...
- untersuchen, wie Textsortenkompetenz erworben wird und ob verschiedene Formelhaftigkeitsgrade auf verschiedene Art und Weise erworben werden

Die Bewerbung - eine Zauberformel?

- Transkripte von Beratungsgesprächen anfertigen und in bezug auf Formelhaftigkeit analysieren (interaktiver Formulierungsprozess)
- untersuchen, ob französische formelhafte Texte nicht nur im Falle von Bewerbungen und Geburtsanzeigen, sondern im allgemeinen formelhafter sind als ihre deutschen Entsprechungen
- untersuchen, inwieweit Bewerber auf die Selbstdarstellung der Unternehmensphilosophie eingehen (z.B. Umweltschutzpapier bei *Greenpeace*)
- erforschen, ob Mut zu Kreativität textsortenabhängig ist
- Bewerbungen aus anderen Kulturen analysieren und meine Forschungsergebnisse verifizieren bzw. falsifizieren.

8.3. SCHLUSSBEMERKUNGEN

Nach diesen Überlegungen zum Thema Formelhaftigkeit möchte ich es nicht versäumen, auf die Vorgeformtheit von Schlussbemerkungen in wissenschaftlichen Arbeiten hinzuweisen: „Die vorgelegte Untersuchung ist in mehrfacher Hinsicht vorläufig und ergänzungsbedürftig" - ein sprachliches Ritual, das ich wörtlich von Lüger (Lüger 1980: 38) übernehmen konnte. Während Schlussbetrachtungen zwar inhaltlich weitgehend stereotyp sind, ausdrucksseitig aber noch gewisse Freiheiten lassen (= Formel mit Formulierungsalternativen), ist die Individualität der abschließenden Erklärung von Examensarbeiten in höchstem Maße formelhaft (= invariante Formel). Da ich nicht einfach schreiben kann: „Ich habe mir ganz bestimmt von niemandem helfen lassen" (Gülich i. Ersch.: 51), wahre ich die Konvention und beende meine Arbeit mit der juristisch gültigen Formel:

Ich versichere, dass ich die schriftliche Hausarbeit einschließlich evtl. beigefügter Zeichnungen, Kartenskizzen und Darstellungen selbständig angefertigt und keine anderen als die angegebenen Quellen und Hilfsmittel benutzt habe. Alle Stellen, die dem Wortlaut oder dem Sinne nach anderen Werken entnommen sind, habe ich in jedem einzelnen Falle unter genauer Angabe der Quelle deutlich als Entlehnung kenntlich gemacht.

9. LITERATURVERZEICHNIS

Adams, Bob (1992) *The Complete Resume & Job Search Book for College Students*, Holbrock: Bob Adams.

Aff, Josef / Kögler, Gottfried / Nagler, Hildegund (1988) *Unterrichtsmaterialien zum Themenfeld Bewerbung*, Heft 105, Wien: Pädagogisches Institut des Bundes in Wien.

Antos, Gerd (1982) *Grundlagen einer Theorie des Formulierens. Textherstellung in geschriebener und gesprochener Sprache*, Tübingen: Niemeyer.

Antos, Gerd (1986) „Zur Stilistik von Grußworten". In: *Zeitschrift für germanistische Linguistik*, 14, 50-81.

Antos, Gerd (1986a) „Textmusterwissen. Beschreibungsprobleme am Beispiel von Grußworten". In: Engelkamp, Johannes/ Lorenz, Kuno/ Sandig, Babara (eds.) *Wissensrepräsentation und Wissensaustausch. Interdisziplinäres Kolloquium der Niederländischen Tage in Saarbrücken, April 1986*, St Ingbert.

Antos, Gerd (1987) „Grußworte in Festschriften als 'institutionale Rituale'. Zur Geschichte einer Textsorte". In: *Lili. Zeitschrift für Linguistik und Literaturwissenschaft*, 65, 9-40.

Antos, Gerd (1991) „Demosthenes oder: Über die 'Verbesserung der Kommunikation'. Möglichkeiten und Grenzen sprachlich-kommunikativer Verhaltensänderungen". In: Fiehler, Reinhard / Sucharowski, Wolfgang (eds.) *Kommunikationsberatung und Kommunikationstraining. Anwendungsfelder der Diskursanalyse*, Opladen: Westdt. Verlag, 52-66.

Arntz, Reiner (1990) „Überlegungen zur Methodik einer 'Kontrastiven Textologie'". In: Arntz, Reiner / Thome, Gisela (eds.) *Übersetzungswissenschaft, Ergebnisse und Perspektiven. Festschrift für Wolfram Wilss zum 65. Geburtstag*, Tübingen: Gunter Narr Verlag.

Ashcraft, Mark H. (1989) *Human Memory and Cognition*. Glenview, Illinois, Boston, London: Harper Collins.

Literaturverzeichnis

Augst, Gerhard (1986) „Reden ist wie Schreiben - nur ohne Radiergummi. Zur Ontogenese sprechsprachlicher und schriftsprachlicher Lexik". In: Narr, Brigitte / Wittje, Hartwig (eds.) *Spracherwerb und Mehrsprachigkeit. Language acquisition and multilingualism*, Festschrift für Els Oksaar zum 60. Geburtstag. Tübingen: Narr, 65-78.

Augst, Gerhard (1993) „Die Gesetze der Statik oder der Sitz im Leben. Eine Einleitung". In: *Der Deutschunterricht* 45, Heft 6, 3-5.

Baden, Alain (1991) *Le Guide Figaro du nouveau CV*, Paris: ABC.

Bartel, Hartmut / Behrens, Gerd / Kuhlmann, Ilse / Modick, Hans-Eberhard / Schoof, Dieter (1982) *Bewerbung, Anmeldung, Vorstellung. Berufsorientierung. Unterrichtsmaterialien zur Arbeits-, Wirtschafts- und Gesellschaftslehre*, Hannover: Level.

Bastien, Catherine (1995) *La lettre de motivation*, Paris: Brodard et Taupin.

Beetschen, Wigand (1995) „Handschriftproben: Rückschlüsse auf die Persönlichkeit". In: *Job Fit, Perfekte Bewerbungsunterlagen*, 11, St. Gallen: DSV Studenten Verlag, 167-184.

Blanchardière de la, Sylvie / Bonnin-Kerjean, Odile (1994) *Réussir son CV et sa lettre de candidature pour trouver un emploi*, Paris: Editions de Vecchi.

Bock, Hans M. (1974) „Zur Neudefinition landeskundlichen Erkenntnis-Interesses". In: Picht, R. *Perspektiven der Frankreichkunde. Ansätze zu einer interdisziplinär orientierten Romanistik*, Tübingen: Narr, 13-22.

Bolander, Marian (1989) „Prefabs, patterns and rules in interaction? Formulaic speech in adult learners' L" Swedish". In: Hyltenstam, Kenneth / Obler, L. K. (eds.) *Bilingualism across the life span. Aspects of acquisition, maturity and loss*. Cambridge etc.: Cambridge University Press, 73-86.

Bolles, Richard Nelson (1987, ^{2}1990) *Tausend geniale Bewerbungstips - Stellensuche richtig vorbereiten*, München: Wilhelm Goldmann Verlag.

Literaturverzeichnis

Bolles, Richard Nelson (2000) *Durchstarten zum Traumjob. Das Bewerbungshandbuch für Ein-, Um- und Aufsteiger*, Frankfurt am Main/New York: Campus.

Bon, Denis (1996) *La lettre de motivation efficace*, Paris: Editions de Vecchi.

Born, Jens (1982, [9]1991) *Bewerben mit Erfolg*, Wiesbaden: Englisch-Verlag.

Braun, Walter (1994) „'Knigges' Anschreiben: So erschrieb ich mir meinen ersten Job". In: *Job Fit, Anschreiben, die Sie umhauen*, 8, St. Gallen: DSV Studenten Verlag, 11-60.

Brenner, Frank / Dilger, Doris (1986) *Dein Bewerbungsset - Bewerbungsschreiben, Eignungstests, Vorstellungsgespräch*, Bonn - Bad Godesberg: Verlag Dürrsche Buchhandlung.

Brockhaus Enzyklopädie ([19]1987) Band 3, Wiesbaden: F.A. Brockhaus.

Burger, Harald / Buhofer, Annelies / Sialm, Ambros (1982) *Handbuch der Phraseologie*. Berlin, New York: De Gruyter.

Burhorn, Andreas (1994) „Bewerbung jenseits der DIN-Norm – Kreative Anschreiben als Marketinginstrument". In: *Job Fit, Todsünden bei der Bewerbung*, 5, St. Gallen: DSV Studenten Verlag, 125-144.

Cernyseva, Irina (1984) „Aktuelle Probleme der deutschen Phraseologie". In: *Deutsch als Fremdsprache*, 21, Heft 1, 17-22.

Clark, Ruth (1974) „Performing without Competence". In: *Journal of Child Language*, 1, 1-10.

Coelius, Claus (1987) *Das neue Bewerbungskonzept mit Analyse von Stellenanzeigen, Lebenslauf und Zeugnissen*, Hamburg: CC Verlag.

Coelius, Claus (1994) *Ausbildungsplatz O.K.! Bewerbung, Vorstellung, Tests*, Hamburg: CC Verlag.

Literaturverzeichnis

Coulmas, Florian (1981) *Routine im Gespräch. Zur pragmatischen Fundierung der Idiomatik*, Wiesbaden: Athenaion.

Coulmas, Florian (1985) „Diskursive Routine im Fremdsprachenerwerb". In: *Sprache und Literatur in Wissenschaft und Unterricht*, 56, 47-66.

Dethloff, Uwe (1992) „Interkulturelle Kommunikation: Überlegungen zu einer Neuorientierung der Landeskunde in den neunziger Jahren". In: *Zielsprache Französisch*, 130-141.

Dieckmann, Horst (1994) „Das gelungene Anschreiben: Was den Arbeitgeber interessiert". In: *Job Fit, PR in eigener Sache*, 6, St. Gallen: DSV Studenten Verlag, 19-44.

Drescher, Martina (1994) „Für zukünftige Bewerbungen wünschen wir Ihnen mehr Erfolg - Zur Formelhaftigkeit von Absagebriefen". In: *Deutsche Sprache*, Heft 2/ 1994 22. Jahrgang, 117-138.

Dröll, Dieter (1977) *Bewerber-Lexikon*, Frankfurt: Verlag Frankfurter Allgemeine Zeitung.

Dröll, Dieter (1978, [8]1985) *Erfolgreich bewerben - wenn's schwierig ist. Bewerbungshilfe, Musterbriefe, Erfolgsratschläge*, Frankfurt / M.: Societäts-Verlag.

Dröll, Dieter (1992) *Erfolgreich bewerben. Von der Anzeige zum Vorstellungsgespräch*, Frankfurt / M: Societäts-Verlag.

DUDEN. *Die deutsche Rechtschreibung* ([21]1996), Band 1, Mannheim, Leipzig, Wien, Zürich: Dudenverlag.

Duhamel, Sabine / Lachenaud, Valérie (1995a) *Le Guide de la lettre de motivation*, La Flèche: Jeunes Editions.

Duhamel, Sabine/ Lachenaud, Valérie (1995b) *Le Guide du CV*, La Flèche: Jeunes Editions.

Engels, Degenhard ([5]1981) *Die erfolgreiche Bewerbung*, München: Florentz.

Literaturverzeichnis

Esser, Jürgen (1993) *English Linguistic Stylistics*, Tübingen: Max Niemeyer Verlag.

Fassbender, Guido (1994) „Zahlreich wie Sand am Meer - Fehlgriffe im Anschreiben". In: *Job Fit, Todsünden bei der Bewerbung*, 5, St. Gallen: DSV Studenten Verlag, 105-124.

Fillmore, Charles J. (1975) „An Alternative to Checklist Theories of Meaning", *Proceedings of the 1st Annual Meeting of the Berkeley Linguistics Society*, Berkeley, Calif.: Soc. [u. a.], 123-131.

Fleischer, Wolfgang (1982) *Phraseologie der deutschen Gegenwartssprache*, Leipzig: Bibliographisches Institut.

Fleury, Pierre Eric (1995) *Guide Le Nouvel Observateur CV*, Paris: Editions générales First.

Friederici, Angela D. (1984) *Neuropsychologie der Sprache*, Stuttgart u.a.: Kohlhammer.

Friedrich, Hans (1987) *Lebenslauf und Bewerbung. Beispiele für Inhalt, Form und Aufbau*, Niedernhausen / Ts: Falken-Verlag.

Fuchs, Angelika / Schnack-Friedrichsen, Heike / Siegmann, Nelli (2001) *Berufs- und Studienführer für Ingenieure*, Westerwelle, Hamburg: Consulting & Media.

Gabay, Michèle (ed.) (1991) *Guide d'expression écrite*, Paris: Références Larousse.

Gérard, Sylvie / Lièvremont, Philippe / Ladka, Viviane (1992) *La Correspondance*, Paris: Editions Nathan.

Gladigau, Gerhard / Breitkreutz, Rainer / Richter, Klaus ([16]1987) *Gutes Deutsch - Gute Briefe - Fachbuch für Schriftverkehr in Wirtschaft und Verwaltung*, Braunschweig: Westermann Schulbuch-Verlag.

Goffman, Erving (1974) *Das Individuum im öffentlichen Austausch. Mikrostudien zur öffentlichen Ordnung*, Frankfurt / M.: Suhrkamp.

Gréciano, Gertrud (1987) „Das Idiom als Superzeichen. Pragmatische Erkenntnisse und ihre Konsequenzen". In: Burger, Harald / Zett, Robert (eds.) *Aktuelle Probleme der Phraseologie*, Symposium 27.-29.9.1984 in Zürich. Bern u.a.: Lang.

Literaturverzeichnis

Grice, Paul H. (1979) „Logique et conversation". In: *Communications*, 1979, 30, 57-72.

Grießhaber, Wilhelm (1987) *Authentisches und zitierendes Handeln. Einstellungsgespräche*, Band 1, Tübingen: Narr Verlag.

Gülich, Elisabeth (i. Ersch.). „Routineformeln und Formulierungsroutinen. Ein Beitrag zur Beschreibung formelhafter Texte". Erscheint in: Jahrbuch 1988 des Instituts für deutsche Sprache.

Gülich, Elisabeth / Krafft, Ulrich (i. Ersch.) „Le rôle du 'préfabriqué' dans les processus de production discursive".

Habdank, Philipp ([2]1981) *Richtig bewerben, richtig vorstellen*, Frankfurt: Ruhland.

Harmsen, Claus (1987, [3]1989) *Bewerbungen. Ein praktischer Ratgeber für die erfolgreiche Stellensuche*, Heidelberg: R.v. Decker & C.F. Müller.

Hartpence, Arnold (1988, [2]1994) *Du C.V. à l'embauche*, Paris: Bordas.

Hartung, Wolfdietrich (1983) „Briefstrategien und Briefstrukturen - oder: Warum schreibt man Briefe?". In: Rosengren, Inter (ed.) *Sprache und Pragmatik 3. Lunder Symposium 1982*, Stockholm: Almquist und Wiksell, 215-228.

Häusler, Gudrun / Scherling, Theo / Häublein, Gernot (1984) *Stellensuche - Bewerbung - Kündigung. Ein Programm zur Erweiterung der Ausdrucksfähigkeit im Deutschen. Lehrerhandreichungen*, Berlin u.a.: Langenscheidt.

Häusler, Gudrun / Scherling, Theo / Häublein, Gernot (1984) *Stellensuche - Bewerbung - Kündigung. Ein Programm zur Erweiterung der Ausdrucksfähigkeit im Deutschen. Lehr- und Arbeitsbuch*, Berlin, München, Wien, Zürich, New York: Langenscheidt.

Henning, Klaus/Staufenbiel, Joerg E. (2001) *Berufsplanung für Ingenieure. Mit aktuellen Stellenangeboten von über 120 Unternehmen*, Köln: Staufenbiel.

Literaturverzeichnis

Hesse, Jürgen / Schrader, Hans Christian (1985) *Testtraining für Ausbildungsplatzsucher. Hilfe bei Bewerbung, Tests und Vorstellungsgespräch*, Frankfurt / M.: Fischer.

Hesse, Jürgen / Schrader, Hans Christian (1992) *Bewerbungsstrategien für Hochschulabsolventen*, Frankfurt/M.: Eichborn.

Hesse, Jürgen / Schrader, Hans Christian (2000) *Das Hesse-Schrader-Bewerbungshandbuch. Alles, was Sie für ein erfolgreiches Berufsleben wissen müssen*, Frankfurt am Main: Eichborn.

Hesse, Jürgen / Schrader, Hans Christian (2000) *Neue Bewerbungsstrategien für Hochschulabsolventen. Startklar für die Karriere*, Frankfurt am Main: Eichborn.

Hinz, Peter (1995) „Das Anschreiben: Entscheidender erster Eindruck?". In: *Job Fit, Perfekte Bewerbungsunterlagen*, 11, St. Gallen: DSV Studenten Verlag, 47-80.

Hofstetter (1970, [12]1986) *So bewerbe ich mich richtig. Ein Ratgeber für alle Stellungssuchenden*, München: Goldmann-Verlag.

Holstein, Ingo (1994) „Profilanalyse für Ingenieure - Keine falsche Bescheidenheit". In: *Job Fit, Anschreiben, die Sie umhauen*, 8, St. Gallen: DSV Studenten Verlag, 128-169.

Honolka, Harro / Limbrunner, Christine / Oram Melanie / Wypijeski, Wolfgang (2000) *Bewerbungsratgeber für Studenten und Hochschulabsolventen. Countdown für Ihren erfolgreichen Berufsstart*, Bielefeld: W. Bertelsmann Verlag.

Huguet, Catherine (1985) *Les régles d'or du Curriculum Vitae*, Alleur: Marabout.

Ihn, Hubertus (1994) „Profilanalyse für Wiwis - sich outen, ohne rot zu werden". In: *Job Fit, Anschreiben, die Sie umhauen*, 8, St. Gallen: DSV Studenten Verlag, 83-124.

Job Fit 1 - Aktive Stellensuche & Schriftliche Bewerbung, (1993), St. Gallen: DSV Studenten Verlag.

Kleiber, Georges (1993) *Prototypensemantik. Eine Einführung*, Tübingen: Gunter Narr Verlag.

Literaturverzeichnis

Knebel, Heinz (1969, ⁵1988) *Taschenbuch für Bewerberauslese*, Taschenbücher für die Wirtschaft Band 17, Heidelberg: Sauer-Verlag.

Knebel, Heinz (⁶1984) *Wie bewerbe ich mich richtig?* Landsberg am Lech: Moderne Verlags-Gesellschaft.

Kranz, Bettina (1991) „Das Vorstellungsgespräch als Gegenstand der Diskursanalyse". In: Stati, Sorin / Weigand, Edda / Hundsnurscher, Franz (eds.) *Dialoganalyse III*. Band1, Tübingen: Niemeyer, 341-352.

Kratz, Hans-Jürgen (1993) *Handbuch Bewerbung - So finden Sie den richtigen Arbeitsplatz*, Berlin, Bonn, Regensburg: Walhalla u. Praetoria Verlag.

Kreklau, Carsten (²1986) *Der Berufsstart - bewerben und vorstellen*, Köln: Deutscher Wirtschaftsdienst.

Kuron, Irene (1993) „Wie Personalchefs Bewerbungsunterlagen auswählen". In: *Job Fit, Aktive Stellensuche & Schriftliche Bewerbung*, 1, St. Gallen: DSV Studenten Verlag, 183-212.

Langacker, R.W. (1987) *Foundations of Cognitive Grammar*, Vol.1, Stanford: Stanford University Press.

Langheine, Volker (1983) „Textpragmatische Analyse schriftlicher Kommunikation am Beispiel des Briefs". In: Grosse, Siegfried (ed.) *Schriftsprachlichkeit*, Düsseldorf: Schwann, 190-211.

Le Bras, Florence (1992) *100 modèles de C.V.* Alleur: Marabout.

Le Bras, Florence (1994) *50 modèles de lettres pour trouver un emploi - La lettre de candidature: un élément clé dans la course à l'emploi*, Alleur: Marabout.

Lee, Anthony / Lebar-Börmann, Sylvie / Brücher, Karl-Heinz / Niemann, Gerda (1993/1995) *Bewerben in Europa - Applying for jobs in Europe - Comment trouver un emploi en Europe - Rechtsgrundlagen, Musterbriefe, Besonderheiten*, Niedernhausen/ Ts.: Falken Verlag.

Leiritz, Christine (1996, hors série n° 14) *Rebondir - CV & lettres de motivation - Les nouveaux modèles 1996*, Paris: Vignon Publications.

Literaturverzeichnis

Levelt, Willem J.M. (1989) *Speaking. From Intention to Articulation*, Cambridge, Mass.: MIT Press.

Lorenz, Michael (1995) *Meine erfolgreiche Bewerbung von A-Z*, Planegg: WRS Verlag Wirtschaft, Recht und Steuern.

Lucas, Manfred (1986) *Der Lebenslauf - richtig und wirksam schreiben*, Düsseldorf: Econ Taschenbuchverlag.

Lüger, Heinz.H. (1980) „Formen rituellen Sprachgebrauchs - Eine vorläufige Skizze". In: *Deutsche Sprache*, Berlin, 21-39.

Lundquist, Lita (1990) „Fanzösisch: Textlinguistik". In: Holtus, Günter / Metzeltin, M./ Schmitt, Christian (eds.) *Lexikon der Romanistischen Linguistik*, Band V, 1, Tübingen: Max Niemeyer Verlag, 144-153.

Manekeller, Wolfgang (1975) *So bewirbt man sich. Bewerbungsformen, Briefmuster, Lebenslauf, Anzeigen, persönliche Vorstellung*, München: Humboldt-Verlag.

Manekeller, Wolfgang (1990/1991) *Die Bewerbung - Der moderne Ratgeber für Bewerbungsbriefe, Lebenslauf und Vorstellungsgespräche*, Niedernhausen / Ts.: Falken Verlag.

Manekeller, Wolfgang (1995) *Die Bewerbung. Bewerbungsbrief, Lebenslauf, Vorstellungsgespräch*, Niedernhausen / Ts.: Falken-Verlag.

Manekeller, Wolfgang / Schoenwald, Ulrich (1975, ^{4}1985) *So bewirbt man sich*, München: Humboldt-Taschenbuchverlag.

Manekeller, Wolfgang / Schoenwald, Ulrich (1988) *Erfolgreiche Bewerbungsbriefe und Bewerbungsformen*, Niederhausen/Ts: Falken.

Mastiaux, Edmund (1993) „Die schriftliche Bewerbung". In: *Job Fit, Aktive Stellensuche & Schriftliche Bewerbung*, 1, 119-123 und 127-141.

Mehler, Hans A. / Stricker, Reinhold (1986) *Die richtige und erfolgreiche Bewerbung - Anleitungen und Tips für die Stellungssuche*, München: Wilhelm Heyne Verlag.

Literaturverzeichnis

Mell, Heiko (1988) *Bewerbung auf dem Prüfstand. Insider-Informationen zur Bewerbungstechnik*, Stuttgart: Schäffer; Fachverlag für Wirtschaft und Steuern.

Monnet, Béatrice (1994) *La lettre de candidature et de motivation. Tous les conseils pour rédiger votre lettre efficacement*, Paris: Editions L'écrit.

Münsterberg, Rolf G. (1983) *Bewerbung leicht gemacht*, Bergisch Gladbach: Gustav Lübbe Verlag.

Neubarth, Rolf (1985) *Erfolgreiche Bewerbung*, Köln: Bund-Verlag.

Neuhaus, Dirk / Neuhaus, Karsta (1994, ²1995) *Das Bewerbungshandbuch für Europa*, Bochum: I.L.T.-Europa Verlag.

Nimmergut, Jörg / Krüger, Günther (1992) *Die Schule der erfolgreichen Bewerbung*, München: Wilhelm Heyne Verlag.

Nuq, Maya (1991) *Le nouveau CV*, Paris: Editions de Vecchi.

Oppermann-Weber, Ursula (1993) „Das Anschreiben". In: *Job Fit, Aktive Stellensuche & Schriftliche Bewerbung*, 1, St. Gallen: DSV Studenten Verlag, 163-182.

Ortner, Lorelies (1992) „Textkonstitutive Merkmale von Stellenangeboten um 1900". In: *Deutsche Sprache*, 20, 1-31.

Pawley, Andrew / Syder, F. Hodgett (1980) „Two Puzzles for Linguistic Theory: Nativelike Selection and Nativelike Fluency". In: Richards, J.C. / Schmidt, R.W. (eds.) *Communicative Competence*, London: Longman.

Pfeifer, Wolfgang (1995) (ed.) *Etymologisches Wörterbuch des Deutschen. Erarbeitet von einem Autorenkollektiv des Zentralinstituts für Sprachwissenschaft unter der Leitung von Wolfgang Pfeifer*, München: Deutscher Taschenbuch Verlag.

Poncer, Jean (1983) *Savoir bien rédiger son courrier*, Paris: Editions Retz.

Literaturverzeichnis

PONS Harrap's Universal (1996) *Dictionnaire Allemand - Français*, Stuttgart, Edinburgh, Paris: Ernst Klett Verlag.

Postel, Stefan (1994) „Bewerber berichten über Fehlerfallen". In: *Job Fit, Todsünden bei der Bewerbung*, 5, St. Gallen: DSV Studenten Verlag, 12-18.

Quasthoff, Uta (1981) „Formelhafte Wendungen im Deutschen: Zu ihrer Funktion in dialogischer Kommunikation". In: *Germanistische Linguistik*, Bd 5/6, 1981.

Radke, Horst-Dieter (1994) *PC Praxis - Erfolgreich bewerben mit WinWord 6*, Paderborn: Data Becker.

Rebondir - CV & Lettres de motivation - Les nouveaux modèles (1996, hors série n° 14), Paris: Vignon Publications.

Reichel, Wolfgang (1993) *Bewerbungsbriefe und Stellengesuche - Für handwerkliche, gewerblich-technische und kaufmännische Berufe*, Niedernhausen / Ts.: Falken Verlag.

Reinartz, Gabriele (1994) „Aktive Formulierungen: 'Man brauche gewähnliche Worte und sage ungewönliche Dinge'". In: *Job Fit, Anschreiben, die Sie umhauen*, 8, St. Gallen: DSV Studenten Verlag, 173-180.

Reinartz, Gabriele (1994) „Anschreiben aller Art: Was so alles über den Schreibtisch wandert". In: *Job Fit, Anschreiben, die Sie umhauen*, 8, St. Gallen: DSV Studenten Verlag, 199-230.

Reinartz, Gabriele (1994) „Die berufliche Profilanalyse". In: *Job Fit, Anschreiben, die Sie umhauen*, 8, St. Gallen: DSV Studenten Verlag, 125-127.

Reinartz, Gabriele (1994) „Die persönliche Profilanalyse". In: *Job Fit, Anschreiben, die Sie umhauen*, 8, St. Gallen: DSV Studenten Verlag, 80-82.

Literaturverzeichnis

Richtlinien Französisch. Gymnasiale Oberstufe (1981/1987) Die Schule in Nordrhein-Westfalen. Eine Schriftenreihe des Kultusministers, Düsseldorf: Verlagsgesellschaft Ritterbach.

Röthig, Egon (^{2}1977) *Bewerben mit Erfolg. Ein zeitgemäßer Ratgeber für Stellensuchende*, Köln: Bund-Verlag.

Sainte Lorette de, Patrick / Marzé, Jo (1995) *La lettre de motivation*, Paris: Les éditions d'organisation.

Sandig, Babara (1970) „Probleme einer linguistischen Stilistik". In: Rucktäschel, Annemarie (ed.) *Linguistik und Didaktik*, München: Bayrischer Schulbuchverlag, 177-194.

Sandig, Babara (1972) „Zur Differenzierung gebrauchssprachlicher Textsorten im Deutschen". In: Gülich, Elisabeth / Raible, Wolfgang (eds.) *Textsorten - Differenzierungskriterien aus linguistischer Sicht*, Frankfurt / M: Althenäum Verlag, 113-124.

Schillinger, Günter A. (1995) „Bewerbung per Video. Spot in eigener Sache". In: *Job Fit, Perfekte Bewerbungsunterlagen*, 11, St. Gallen: DSV Studenten Verlag, 211-225.

Schmidt, Erwin W. / Enns, Olga (1994) „Ein unerschöpflicher Fehlerquell - Die schriftlichen Unterlagen". In: *Job Fit, Todsünden bei der Bewerbung*, 5, St. Gallen: DSV Studenten Verlag, 91-104.

Schnatmeyer, Martina (1994) „Die perfekte Selbstdarstellung - I am what I am". In: *Job Fit, Anschreiben, die Sie umhauen*, 8, St. Gallen: DSV Studenten Verlag, 182-191.

Schumacher, Karl (1992) „Bewerbungsunterlagen: Die erste Visitenkarte". In: *Praxisführer - Jahrbuch für den Fach- und Führungsnachwuchs*, St Gallen: forum Verlag.

Schwarz, Monika (1992) *Einführung in die kognitive Linguistik*, Tübingen: Francke.

Literaturverzeichnis

Schweiker, Ulrich (1995) „Ihre Bewerbungsunterlagen: Spiegel Ihrer Persönlichkeit". In: *Job Fit, Bewerbung - Ihre Persönlichkeit ist gefragt*, 14, St. Gallen: DSV Studenten Verlag, 77-104.

Siewert, Horst (1991) *Die perfekte Bewerbung!* München: Humboldt Taschenbuchverlag.

Siewert, Horst (1993) *So bewerben Sie sich in Europa - Die besten Strategien für die internationale Bewerbung - Trainingshandbuch mit Musterbriefen auf Englisch, Französisch, Spanisch und Italienisch*, München u.a.: MVG-Verlag.

Siewert, Horst / Siewert Renate (^{7}1991) *Bewerben wie ein Profi: Wie wird man Spitzenkandidat?*, München: Moderne Verlagsgesellschaft.

Spillner, Bernd (1981) „Textsorten im Sprachvergleich. Ansätze zu einer kontrastiven Textologie". In: Kühlwein, W. / Thome, G. / Wilss, W. (eds.) *Kontrastive Linguistik und Übersetzungswissenschaft*, 239-250, München: Fink.

Spillner, Bernd (1983) „Zur kontrastiven Analyse von Fachtexten - am Beispiel der Syntax von Wetterberichten". In: *Lili. Zeitschrift für Linguistik und Literaturwissenschaft*, 13, 110-123.

Staufenbiel, Joerg E. (2002) *Berufsplanung für den Management-Nachwuchs. Mit aktuellen Stellenangeboten von über 130 Unternehmen*, Köln: Staufenbiel.

Staufenbiel, Jörg E. (ed.) (^{2}1995) Brenner, Doris / Brenner, Frank / Giesen, Birgit *Individuell bewerben - Karrierestart für den Führungsnachwuchs*, Köln: Staufenbiel Institut für Berufs- und Ausbildungsplanung Köln.

Stein, Stephan (1995) *Formelhafte Sprache - Untersuchungen zu ihren pragmatischen und kognitiven Funktionen im gegenwärtigen Deutsch*, Beiträge zur Sprachwissenschaft, Frankfurt am Main, Berlin, Bern, New York, Paris, Wien: Peter Lang.

Ullrich, Sven (1995) „Originalität ist Trumpf: Wie man sich von der Masse abhebt". In: *Job Fit, Perfekte Bewerbungsunterlagen*, 11, St. Gallen: DSV Studenten Verlag, 201-210.

Vermes, Jean, Paul (1995) *Le Figaro économie - Guide du C.V.*, Paris: Les Presses de Management.

Literaturverzeichnis

Visme, Elisabeth de / Colombat, Laurent (1993) *Votre CV en anglais et en français - édition bilingue*, Paris: Les Editions d'organisation.

Weimer, Gabriele (1994) „Personalverantwortliche plaudern aus dem Nähkästchen". In: *Job Fit, Todsünden bei der Bewerbung*, 5, St. Gallen: DSV Studenten Verlag, 19-32.

Wills, Wolfram (1989) *Anspielungen. Zur Manifestation von Kreativität und Routine in der Sprachverwendung*. Tübingen: Niemeyer.

Wills, Wolfram (1992) *Übersetzungsfertigkeit. Annäherungen an einen komplexen übersetzungspraktischen Begriff*. Tübingen: Narr.

Wucknitz, Uwe (1994) „Kriterien eines idealen Anschreibens aus der Sicht von Personalverantwortlichen". In: *Job Fit, Anschreiben, die Sie umhauen*, 8, St. Gallen: DSV Studenten Verlag, 67-78.

www.ingramcontent.com/pod-product-compliance
Lightning Source LLC
Chambersburg PA
CBHW020129010526
44115CB00008B/1046